아이쿱혁신사 : 달걀, 소금, 함께 살기

달걀,
소금,
함께 살기

아이쿱 혁신사

아이쿱협동조합연구소 기획
신성식 · 염찬희 지음

목차

편집자 서문 6

1. 달걀 13

2. 소금 43

3. 치유하는 삶, 치유되는 몸 61

4. 구례실험 93

[대담] 113
급변하는 사회와 생협의 대응: 아이쿱생협의 혁신 방향에 대해

부록 183

편집자 서문

이 책의 조금 다른 독서법

이 책은 1997년, 6개의 지역 소비자생활협동조합(이하 생협)이 모여서 시작한 아이쿱에 관한 이야기를 담고 있다. 아이쿱은 창립 이후 한국을 대표하는 생협 중 하나로 성장하였으며 2018년, 소비자와 생산자, 사회적경제 기업과 비영리조직 등이 상호부조, 인재 양성, 상호학습, 상호자원 활용을 할 수 있는 '지속가능한 사회와 사람 중심 경제를 위한 모임(세이프넷 SAPENet)'을 결성하였다. 2023년에는 아이쿱생협을 주축으로 라이프케어의료복지사회적협동조합, 생산자협동조합이 참여하는 iN라이프케어 이종협동조합연합회가 설립되었으며 협동조합 간 연대와 혁신을 통해 상호호혜의 유대관계가 작동하는 협동조합 커뮤니티를 구축하기 위해 노력하고 있다. 아이쿱은 아이쿱생협,

자연드림, 아이쿱협동조합 등 다양한 이름으로 불리고 있는데 이 책에서는 아이쿱으로 총칭하였으며 상황에 따른 이해를 돕기 위해서는 아이쿱생협이라는 이름도 사용하였다.

아이쿱*iCOOP*은 영어 i로 시작하는 네 개의 단어와 협동조합을 의미하는 Cooperative를 조합하여 만든 이름이다. i는 나를 의미하는 I와 ideal(이상적인), innocence(순수), innovation(혁신)의 첫 번째 글자며 COOP은 세계적으로 협동조합을 부를 때 사용하는 줄임말이기도 하다. 여러 가지 의미를 함축적으로 담아 아이쿱은 자신을 "'나'들이 함께 모여, 더 나은 미래를 만들기 위해, 초심을 잃지 않고, 혁신하는 협동조합"이라고 소개하고 있다.

이 책은 보통의 독서법과 다르게 이용할 것을 권하는데, 처음부터 끝까지 빠짐없이 읽겠다는 마음을 갖고 책을 펼치지 않으시기를 추천한다.

그 이유는, 이 책이 갖는 구조의 독특성 때문이다.

마지막에 있는 대담을 제외한 네 개의 장*chapter*은 같은 구조를 갖는다. 달걀, 소금, 치유, 구례실험으로 제목을 달고 있는 네 개의 장은 각각 세 개의 씬(#)을 품고 있다. 이 세 개의 씬은 순서대로 소설의 형식,

역사 서술의 형식, 그리고 구술 형식이다. 세 개의 씬은 형식은 비록 달리하지만, 내용은 장의 제목이 암시하는 주제로 수렴하기 때문에 유사하다고 하겠다.

소설을 좋아하는 독자라면 1장부터 4장까지의 씬 1을 연이어 읽어보고, 그 후에 아이쿱의 역사를 사회적 맥락에서 풀어내고 있는 씬 2를 찾아본다면, 지루하지 않게 독서를 하면서도 많은 정보를 가져갈 수 있을 것이다. 신성식 연구자문위원(현 자연드림유기농치유연구재단, 전 경영대표)의 생생한 구술이 궁금한 독자라면 세 번째 씬만 찾아서 읽고, 그 후에 씬 2를 읽는다면 보다 풍성한 정보를 얻어갈 수 있을 것이다.

편집할 때 씬 별로 글자체와 색을 달리했기 때문에 독자가 씬을 찾기는 어렵지 않을 것이다.

그러므로, 독자 여러분께, 이상에서 설명한 것을 참조하시고 이 책을 1페이지부터 시작해서 끝까지 읽어내려가는 방식보다는, 각자에게 맞는 형식을 택하여 읽고 보충이 필요할 경우 다시 찾아서 읽는, 적극적이면서도 편안한 독서법을 권한다.

부연해서 설명하자면, 소설의 형식인 첫 번째 씬은 해당 장의 주제를 인물의 이야기를 통해서 풀었다. 실제 인물의 이야기에서 모티브를 가져와 허구로 구성했다. '치유' 장만이 예외인데, 전 구례섬지아이쿱생협의 이선주 전 이사장의 실화로서, 그이의 구술을 바탕으로 약간의 각색을 거쳤다.

두 번째 씬은 해당 장의 주제를 드러내 줄 아이쿱의 역사로 꾸몄다. 이 책은 아이쿱의 역사 중에서 2017년부터 2023년까지 급변한 아이쿱의 사업 역사를 담았다. 이 시기를 현재로 보고, 2017년 이전까지를 과거로, 2024년 이후를 미래로 임의로 나눈 후, 각 시기를 대표할 제목을 골랐다. '달걀'이라는 제목은 친환경 유기농산물에 전념하던 시기의 아이쿱 대표 상품이라는 상징성 때문이기도 했지만, 이 시기의 시작과 끝에 달걀이 있기 때문에 선택했다. 날샬에서 살충제가 검출되는 사건으로 한국 사회가 몇 달 동안 몸살을 앓았는데, 살충제 묻은 달걀을 하루에 2.6개 먹어도 건강에 문제없다는 정부의 발표는 찰나적 순간이었다. 그 발표가 아이쿱의 미래를 어떻게 바꾸었는지도 '달걀' 장에서 확인할 수 있다.

전 세계뿐 아니라 한국의 환경 변화 상황은 인간의 건강에 해를 끼치는 오염원을 대지에 국한하지 말고 해양과 대기 오염까지 확대해서 주목해야 한다고 경고하기에 충분했다. 아이쿱은 친환경 유기식품을 기반으로 바디버든(몸에 쌓이는 해로운 화학물질의 총량)의 문제도 해결하기 위해 나섰으며, 그 과정은 결국 건강을 유지할 수 있는 생활 습관을 함께 실천하는 라이프케어로 확장되었다. 그 내용이 '소금'과 '치유'라는 제목으로 2017년부터 2023년까지의 현재 시기를 다루는 두 번째, 세 번째 장에 담겼다.

라이프케어운동의 미래는 어떤 모습일 수 있을까를 상상해본 '구례실험'이 네 번째 장이다. 이 장은 미래 시점이기 때문에 아이쿱의 역사로 서술할 수 없었고, 따라서 관련 주제인 농촌 노인 돌봄 현실을 학술적 에세이 형태로 구성했다.

마지막 장인 '대담'은 라이프케어운동 중에서도 특히 급증하는 암이라는 사회적 과제를 재발 방지로 풀겠다는 아이쿱의 방향 설정에 대해, 다시 말해 아이쿱의 정체성 전환에 대해 경제 경영을 전공한 협동조합 전문가들이 거리낌 없이 토론해 준 내용을 담았다.

세 번째 씬은 옅은 주홍색 바탕을 깔아서 차별화시켰다. 내용은 신성식 연구자문위원의 구술로, 2016년 이후 2023년 현재 암 재발 방지 사업으로 아이쿱이 전환한 과정에 대한 내용을 담고 있다. 사실, 그의 구술은 이 책의 기본 뼈대다.

편집자는 그의 구술을 기반으로 하면서 객관적 사실도 점검했다. 아이쿱의 연차 보고서와 언론 보도라는 문헌을 차용해서 아이쿱의 움직임을 한국사회의 변화라는 맥락에 앉혀서 해석하고자 했다. 그리고 아이쿱 활동가, 조합원, 직원으로부터 다양한 의견을 청취했다. 아이쿱의 새로운 방향이 아이쿱이라는 우산 아래 다양한 위치에 있는 서로 다른 필요들이 적당한 시간을 거치면서 아이쿱의 리더들이 제안한 혁신적인 구상에 수렴했기에 힘을 모으고 추진될 수 있었을 것이라는 편집자의 가설을 검증하고자 했기 때문이다. 그것들이 살이 되었고, 그 결과가 이 책이 되었다.

coop

1

달걀

#1
#생협의 유정란 #스테디 셀러 #만족

서울 구로에 사는 문수씨가 자신의 이야기를 들려주었다.

2005년 초봄의 어느 날에 대한 기억에서 제 이야기를 시작해볼까 해요.

추위가 물러가고 봄 햇살이 구름을 뚫고 따뜻하게 내려 퍼지는 아파트 단지를 산책하던 중, 단지 입구로 들어오는 한국생협연대[1] 로고가 박힌 냉장 탑차가 눈에 들어왔어요. 걸음을 멈추고 서서 차가 어느 방향으로 가는지 주시했어요. 10개의 동이 있는 우리 아파트 단지는 차량 진출 입구로부터 길이 두 갈래로 갈라지는 구조로 되어 있어서 차가 우리 집이 있는 쪽으로 방향을 잡을지 다른 쪽으로 갈지 예측할 수 없기 때문입니다.

　차는 동쪽으로 방향을 잡았고 우리 동 앞에서 멈추어 서더라고요. 탑차에서 낯익은 얼굴의 생협 공급자 정씨가 내렸습니다. 그가 능숙한 손놀림으로 물품이 담긴 플라스틱 박스를 꺼내서 카트에 올리는 것을 본 순간, '우리집이군' 이라고 생각하면서 걸음을 재촉했어요. 5층 높이의 우리 동에는 생협 조합원이 우리 집밖에 없었거든요. 공동현관문으로 들어가면서 시야에서 사라진 정씨는 엘리베이터를 기다리고 있었고, 저는 그를 엘리베이터 앞에서 따라잡을 수 있었어요. 정씨에게 인사를 건넸습니다.

　이번 공급에는 제가 장바구니에 담은 물품이 많아서 상자가 가득 차 있었어요. 무거워 보였지만, 제 입에서는 "제가 들고 올라 갈 수 있는데…"라고 맘에도 없는 말이 튀어나왔습니다. 마침 엘리베이터 문이 열렸고, 정씨는 카트를 밀면서 엘리베이터를 타는 동시에 말했습니다. "이번에는 조금 무거워요. 매번 그랬듯이 제가 현관 안까지 들여놓아 드릴게요." 저의 제안을 받을까 봐 아주 잠깐, 한 1초쯤? 긴장했는데 다행이라고 생각했던 것도 사실입니다. 제 눈에는 박스의 윗부분으로 달걀과 콩나물, 그리고 두부가 빼꼼히 보였어요.

　엘리베이터에서 먼저 내린 저는 서둘러 우리 집 문을 활짝 열어젖혔고, 정씨는 박스를 거실 안쪽의 부엌에까지 가져다주었어요. "에공,

고마워라~ 포도 주스가 있는데 가시면서 드시게 드리고 싶은데, 포도 주스 드세요?" 정씨가 박스에서 주문 물품들을 하나하나 꺼내면서 주문 목록지와 대조하는 동안 나는 부엌 옆 창고에서 포도 주스를 한 팩 꺼내 가져가면서 다시 말을 걸었습니다. 그분이 빈 박스를 챙기는 순간 나는 포도 주스를 건넸어요. "이제 추위는 많이 사라졌어요. 그죠? 그런데 일하면 몸에 열이 좀 나시려나? 다른 찬 음료 드릴까요?" "아뇨 아뇨 포도 주스 좋습니다. 뜨거운 거, 찬 거, 가리는 거 없어요. 잘 마실게요. 허허" 하찮다 할 수 있는 작은 포도 주스를 주고받으면서 정씨와 저는 얼굴을 마주 봤고, 웃음을 주고받았습니다.

정씨가 나간 문을 닫고 돌아서면서 저는 6개월 전에 조합원으로 가입한 나 스스로를 칭찬했어요. 콧노래를 흥얼거리면서, 공급받은 식품들을 분류하기 시작했습니다. 해본 분들은 아시겠지만, 이때가 가장 행복할 때잖아요. 주문한 것이 결품없이 다 배달됐다는 것도 좋고, 채소는 푸릇푸릇하니 신선해서 내 몸도 신선해지는 것 같아서 좋고요. 달걀은 유정란이라 시중 달걀보다 더 건강해질 것 같아서 좋고요. 아무튼 주문한 물품들을 정리할 때는 마치 텅 빈 곳간을 채울 때의 뿌듯함 같은 것을 만끽하게 되는 순간인 것 같았어요. 물론 동시에 일거리가 생긴 거기도 해요. 냉장고에 직행할 거, 다용도실에 넣을 거, 실온에서 두고 먹을 거로 나누어 정리하고, 채소는 신선할 때 빨리 소비할 수 있게끔 밑손질도 해야 하니까요. "와, 이번에도 많이 시켰네." 주문은 인터넷으로 하는데, 매번 필요한 물품 말고도 새로 나온 것이 눈에 띄면 맛이 궁금해서 클릭해버리는 나를 아주 살짝 책망하기도 하는데, 저만 그런가요?

"가입하길 잘했어. 유정란과 두부만 먹어도 좋다잖아."

6개월 전, 그러니까 2004년 8월이었죠. 1년간 영국에서 살다가 귀국하면서 새로운 살림터를 정해야 했는데, 식상과의 거리가 30분 이상이 되면 엄청나게 피곤해하는 엄살쟁이 남편을 배려해서 그의 직장이 가까운 서울 구로의 한 아파트로 이사 들어갔지요. 시급히 해결해야 할 일은 학부모 경험이 있으신 분들은 다 아실만한 일, 맞아요, 아이들 학교를 정하는 일이죠. 전학 수속을 끝내고 나니까, 그다음으로 할 일이 먹을거리와 생활용품을 어디서 구입할지를 정하는 일이더라고요.

아파트 단지 상가에 있는 식자재 점포로 정할까? 아니면 자동차를 10분쯤 몰고 가면 닿는 대형마트, 우리 동네에는 이마트였는데, 그곳으로 정할까? 고민했어요. 아파트 안에 있는 식자재 점포는 가격이

비싸다는 생각을 지울 수 없고, 대형마트는 가격은 상대적으로 저렴하지만 멀리 떨어져 있어서 한 번에 대량으로 사야 한다는 점이 불편했어요. 말하자면, 둘 다 마음에 안 들었지요.

그즈음이었어요. 아이들 학교에서 전화가 왔던 게. 사회과 담당의 김규석이라고 자신을 짧게 소개한 이후 선생님은 전화한 이유를 설명하시더라고요. "우리 학교 급식을 직영으로 전환하자는 학부모님들의 제안이 있는데, 알음이 어머님이 함께 힘 써주실 분 같아서 전화드려요. 설명회를 한 번 할 생각인데 모임에 와주시면 좋겠습니다."

선생님이 저를 콕 집어서 일부러 전화까지 해서 오라 하셨으니, '직영 전환?..' 이 뭔지는 잘 모르지만 가겠다고 대답했죠. '일면식도 없는 나를 어떤 이유로 함께 할 사람 같다고 판단했을까?' 통화할 때 선생님에게 묻지 않은 것이 후회될 만큼 시간이 흘러도 궁금증은 사라지지 않았고, 그러니 퇴근해서 집에 온 남편에게 통화내용을 상세히 설명하면서 저의 궁금증에 답을 내놓으라고 보챘어요. "잘 모르겠는데…." 남편에게서는 별다른 소득이 없었어요.

궁금증을 가슴에 안고 며칠을 참다 보니 안내받은 설명회 일정이 다가왔어요. 시간 맞춰서 설명회 장소인 교실로 갔지요. 그곳에는 김 선생님과 직영 전환을 제안한 학부모, 그리고 다른 학부모까지 세 분이 있었는데, 상상했던 것에 비하면 장소도 인원수도 조촐했어요. 선생님은 자신을 소개했고, 이어서 동석한 분들이 돌아가면서 자신을 스스로 소개했어요.

그곳에서 알게 된 건데, 직영으로 학교 급식을 전환하자고 제안하신 학부모가 그 자리에 출석했고, 현재 맡은 일이 구로아이쿱생협 이사장이라고 하더라고요. "우리가 오늘 모인 이 자리의 의미를 말씀드려볼게요. 아이들이 학교에서 한 끼로 먹는 점심이 안전할까요? 현재 학교식당은 외주업체가 운영하는 방식이어서 이윤을 챙기려 합니다. 학부모들이 내는 급식비의 상당 부분이 식자재보다는 운영비에 할당되다 보니, 식자재의 질이 형편없는 거예요. 식자재의 질을 높이려면 상대적으로 직영이 좋고요, 직영으로 전환한다면 학교 운영위에서 식자재도 결정하게 되니까, 친환경 우리 농산물을 아이들에게 먹일 가능성도 커지는 거지요." 조곤조곤 설명해 내려갔어요. 자신은 많은 시간을 식품 안전을 위한 활동에 중점을 두고 있다고 말 한 후에, "아, 한 가지 덧붙일 것이 있는데요. 우리 생협연합회 식품안전위원회에서 지금 학교급식법 개정을 위해 운동을 하고 있어요. 오늘 오신 두 분 학부모님도 힘을 많이 보태주시면 감사하겠습니다."라고 마무리 하더라고요.

그 자리에는 급식을 직영으로 전환하는 것에 동의하는 다른 학부모가 있었는데, 그분도 나중에 알았지만 구로아이쿱생협 조합원이었어요.

　직영 급식이 외주 급식에 비해 어떤 점에서 좋은지를 설명 들으니 직영 전환에 힘을 보태야겠다는 생각이 들었지요. 모임이 끝나고 학교를 나서면서 우리 셋은 사소한 질문들을 주고받았어요. 그런 거 있잖아요. 이 동네에 산지는 얼마나 되었는지, 지금 사는 곳은 구체적으로 어디인지, 아이들은 몇 명인지, 몇 학년인지, 그런 흔한 거요. 첫 만남이라는 것을 고려한다면 무례하지 않고, 선을 넘지 않는 정도, 그 정도의 사적인 이야기를 나눈 후에 전화번호를 교환했어요. 이 동네에 정착한 지 1개월에 불과한 나로서는 마침 잘됐다 싶어서 이것저것 더 물어봤어요. 생활에 필요한 정보라고 생각하는, 추천할 병원은 어디인지, 먹을거리는 주로 어디를 이용하는지 같은 거요. 구로아이쿱 생협 이사장인 엄마는 추천할 병원을 알려주고는 바쁜 일이 있다면서 서둘러 갔고요, 남은 엄마는 먹을거리는 주로 생협에서 공급받고 있다면서 저에게도 추천했어요.

"생협이요?"

　아마 그때 내 표정은 그게 뭔지 잘 모르겠다는 표정이었을 거예요. 그분은 친절하게도 조금 더 설명을 붙여주시더라고요. "생협은 생활협동조합의 줄인 말인데" 더 많은 설명을 기대하고 있는 듯한 나의 표정 때문인지 이것저것 두서없이 말을 이어나갔어요. "유기농 쌀이나 유정란 같은 것처럼, 우리 몸에 좋은 식품을 살 수 있어요. 특히 유정란과 국산 콩으로 만드는 두부는 맛도 좋아서 다들 좋다고 해요. 그것만 주문해서 먹어도 후회하지 않는다고들 해요. 혹시, 관심이 있으시면 아까 같이 있던 그 엄마가 생협 이사장이니까 전화해보세요."

'협동해서 생활해나간다? 그리고 몸의 건강을 지킬 식품을 구입할 수 있는 곳이라고?!' 저는 생협의 활동 취지가 마음에 들었어요. 그래서 저는 가입 권유를 받아서가 아니라 자발적으로 제가 막 나서서 전화를 걸어서 "저 조합원으로 가입하려고 하는데요…." 했다니까요.

유정란과 두부에 대한 평가를 들어서인지, 처음 공급받는 식품 목록에 당연히 유정란과 두부를 넣었고, 먹어보니 맛도 정말 좋았어요. 만족했지요. 요즘으로 말하자면 별점 5점 만점에 5점을 주고 싶을 만큼요.

조합원 가입 후 1달이 되어갈 때쯤에 신입 조합원 교육에 나오라는 이사장님의 전화를 받았어요. 협동조합이 어떤 건지, 구로아이쿱생협이 무엇을 목적으로 설립되었는지, 역사는 얼마나 되었는지를 간단하면서도 알기 쉽게 설명해주셨어요. 그런데 무엇보다 가슴에 와서 닿았던 말은 아마도 그거였던 것 같아요. "우리가 친환경 유기농식품을, 이해하기 쉽게 예를 들어 보면 유정란과 국산 콩으로 만든 두부를 먹는 것이 어떤 의미일 것 같으세요? 소비자의 건강에 좋다는 건 누구나 알고 있는 거지요. 그런데 이런 거 생각해보셨어요? 농약을 쓰지 않아도 된다는 것이 농부들과 땅에 어떤 영향을 미치는지. 그러니까 내가 여기서 유정란, 유기농 쌀을 먹는다는 것이 저 멀리에 사는 농부들이 농약으로부터 건강을 지키는 일이고, 나아가 토양을 건강하게 만드는 일이라는 거죠. 국산 콩으로 만든 두부를 소비자가 먹는다는 건 국산 콩 씨앗을 지키는 일이라니까요…."

#2

#친환경유기농식품 #아이쿱생협의 정체
#윤리적 소비

아이쿱생협의 스테디셀러 중 하나로 흔히 유기농 달걀을 꼽는다. 그것은 친환경유기농식품 생산과 소비를 선순환시켜온, 이름하여 '윤리적 소비'를 선도했던 생협, 특히 아이쿱생협의 초기 20년이라는 시대의 중요한 상징이기도 하다.

"1986년 대전에서 크리스천아카데미에서 주부 아카데미라는 사회 강좌를 들은 주부들이 환경파괴와 먹을거리 오염의 심각성을 깨닫고 할 수 있는 일이 무엇일지 고민하고 의논한 끝에 주머니를 털어서 작은 가게를 차렸으니, 한밭생협의 전신인 '살림의 집'이었어요. 유기농 쌀과 유정란을 수소문해 나눠 먹는 일부터 시작했죠. 공급처는 도시에 살다가 몸이 아파서 시골로 농사지으러 들어간 사람들이 "자기가 살려고 농촌으로 가서 농사를 지었기 때문에 농약이 좋지 않다고 생각해 농약을 덜 치기도 했고, 또 종교적인 양심에서 농약을 치는 것은 자연을 거스르는 것이라고 여겼던 분들도 계셨고요. 그런 분들을…. 수소문해서…. 가지고 온 거예요…. 조합원 세대가 500가구로 늘어서 물류량이 꽤 되자, 겁도 없이 트럭 한 대, 봉고차 한 대를 사고 그랬죠."(진경희, 전 한밭생협이사장)[2]

"1992년 부평생협 발기인으로 참여했는데, '이게 뭐지?' 하는 질문이 생겼고, 유기농산물을 생산하는 농민과 그걸 소비하는 소비자를 연결해 농업을 살리고 생명을 살리는 운동이라는 설명이 마음에 닿았어요. 부평생협 초창기 매장에는 물건이 별로 없었어요. 유정란, 쌀, 채소, 미역, 표고버섯 정도. 손가락으로 꼽을 정도였어요."(신복수, 전 아이쿱사업연합회 회장)[3]

달걀, 특히 유기농 달걀은 유기농 쌀과 함께 친환경유기식품을 말할 때 대표적으로 거론되는 품목이다. 그리고 아이쿱생협 조합원들에게는 두부 등과 함께 꾸준히 사랑받는 대표 품목이기도 하다.

유기농 달걀이 아이쿱생협의 정체성을 크게 바꾸는데 하나의 불씨*trigger*가 되었다는 것을 아는 이들은 많지 않을 것이다. 심지어 조합원들도 그러하다. 이해를 위해서, 조금 지루할 수도 있겠지만, 아이쿱의 역사를 되짚어 봐야 할 것 같다.

1997년 설립하여 사업을 시작한 아이쿱생협(구. 21세기생협연대-한국생협연대)의 최우선 목적은 오염이 덜 된 좋은 식품을 구매해서 먹으려는 것이었지만, 식품을 제공해주는 생산자를 거래처로 위치시키지 않았다. 오히려 생산자를 소비자의 타자가 아닌 소비자인 우리의 울타리 안에 같이 자리하면서 공생하는 관계가 되기를 희망했다. 무농약부터 유기농까지 친환경 농산물의 생산이 소비자와 생산자 중 누구에게 더 절실한지를 재고 따져, 너는 소비자편이니 나는 생산자편이니 하면서 편을 나누기보다는, 소비자와 생산자를 아우르고 소비자 생산자 모두의 몸의 건강, 그것을 가능케 하는 땅의 건강까지를 소비를 통해 해결해보자고 20년을 조합원이 함께했다. 그러한 노력을, 사업과 운동을, '윤리적 소비'라고 명명했다. "나와 이웃과 지구를 살리는 윤리적 소비, iCOOP생협". 이것이 아이쿱생협의 정체였다.

윤리적 소비가 하나의 시스템으로 구축되고 견고해지면서, 아이쿱은 새로운 계획을 세우기 시작했다. '먹을거리를 넘어 생활의 안심을' '사람 중심의 경제를' '사람과 자연이 공존하는 더 나은 미래를' 만드는 것을 목표로 삼으면서 '함께 행복한 삶을 만들어가는 협동조합'

으로 정체성을 변화시켰다. 새로운 정체성은 1년여의 준비 끝에 2017년 3월 아이쿱생협 20주년을 기념하는 자리에서 선언되었다.

이제부터는 이러한 선언의 배경을 살펴보고자 한다.

아이쿱이 2017년 이후 어떤 방향으로 변화해나갈 것인지를 설계하는 중에 내외부에서 예상치 못한 사고가 터졌다. 2016년 11월 초, 직원이 거래하던 수산업체에게 납품 대가로 뒷돈을 챙긴 비리 사건, 이어서 11월 말 우향우 혼입 사건이[4] 언론을 통해 알려지면서 아이쿱의 이미지는 타격을 입었다. 아이쿱 사업팀에 따르면, 우향우 혼입 사건은 사회적으로 파장이 컸는데, 이 사건 직후 2,000명 정도의 조합원이 탈퇴했고 매출이 한풀 꺾일 정도로 타격을 입었다는 것이다.

어려움은 같이 온다고 했던가.

2016년 11월 유럽에서 조류독감 Avian Influenza:AI 발생을 공식화하고[5] 일주일도 채 지나지 않아 한국에서는 충북 지역을 시작으로 전국에서 조류독감이 발생했다. 빠른 확산을 저지하기 위해 정부는 확진된 닭 오리 농가에서의 살처분 시행을 포함한 방역 대책을 내놓았다.[6] 해를 넘기며 조류독감 발생 50일이 되었을 때 농림축산식품부는 닭, 오리 등의 가금류 살처분 수치가 3,033만 마리에 육박하며, 그중에서 닭이 2,582만 마리였고 달걀을 낳는 산란계는 2,245만 마리라고 보고했다.[7] 전국의 닭 사육 마릿수 중 32.1%가 살처분된 것이다. 그 결과 시중 달

갈 수급은 어려워졌다.[8] 달걀 사재기를 방지하기 위해 대형마트에서도 '1인 1판'이라는 제한 문구가 내걸렸고, 아이쿱도 '1가구 1팩 공급 제한'으로 유정란 수급의 어려움을 타개하려 했다. 그러나 함께 할 것으로 기대했던 어떤 유정란 생산자는 아이쿱과의 약속을 어기고 외부 유통을 하고 나아가 조류독감 사태에서 회복하는 중에 있는 또 다른 유정란 생산자를 빼가는 일이 벌어지기도 했다고 아이쿱의 당시 경영대표 신성식은 회고한다.

2016년 말의 조류독감 파동이 마무리되고 달걀 문제는 해결되었다 싶었는데, 2017년 중반기에 달걀에서 살충제 성분이 검출되는 사건이 터졌다. 2017년 8월 달걀에서, 심지어 유정란에서도 DDT 살충제 성분이 검출되었다는 보도가 나왔다.[9] 사실 달걀 살충제 파동의 시작은 유럽에서였다. 8월 초 유럽, 특히 네덜란드와 벨기에에서 유통된 달걀에서 살충제가 검출되면서 해당 국가에서 생산된 달걀의 가공품이 한국 내에 유통이 되었는지 되었다면 어느 범위인지에 관심이 쏠렸고[10], 식약처가 네덜란드, 벨기에산 달걀이 들어간 과자와 빵류를 검사한 결과, 건강에 해가 없는 것으로 나타났다고 발표했지만, 일부 편의점과 대형마트는 벨기에산 와플 판매를 중단[11]하기도 했다. 그러는 와중에 한국산 달걀의 살충제 성분 검사가 진행되었고, 검사 결과가 검출로 나타나면서[12] 정부는 출하 중단 조치와 함께 달걀 전수 조사를 약속했다.[13] 언론은 일제히 전문가의 말을 빌려 살충제가 인체에 유해하다는 정보를 유포했다.[14]

다행히 아이쿱의 달걀에서는 해당 살충제 성분이 검출되지 않았다. 조합원들에게 해당 사실을 알렸다. 그러나 곧이어 정부는 살충제가 묻은 달걀을 매일 2.6개씩 평생을 먹어도 걱정할 것 없다고 국민을 안심시키는 발표를 했고, 모든 언론이 또다시 이 내용을 퍼 날랐다.[15] 상당수의 소비자는 걱정할 것 없다는 정부의 발표를 쉽게 믿지 못하겠다는 반응을 보였고,[16] 일부 언론사는 우려를 표명하기도 했다.[17]

우려와 불신과는 또 다른 반응이 아이쿱생협에서 나왔다. 아이쿱생협은 일종의 충격에 빠졌다.

"살충제 먹어도 된다고? 그러면 유기농 달걀은 뭐야?"

이 질문은 "그동안 우리가 들였던 그 많은 노력은 다 무엇인가?"로 이어진다. 생산자들에게 안전한 유기농산물 생산을 위해 헤아릴 수 없이 많은 노력을 해주십사고 독려했고, 그 윤리적 생산물을 윤리적으로 소비하여 유기농산물의 생산과 소비를 선순환시키려 애써왔던 것이 그간의 아이쿱생협의 사업 방향이었다. 그런데 그 모든 노력의 결실과 과정이 사회적으로 중요한 자산이 되지 못한다고 국가기관이 공표한 것에 다름아니라고 생각할 수 밖에 없었다. 친환경유기식품에 대한 몰두라는 그간 아이쿱생협의 사업 방향을 재고해야 할 때가 되었다는 사회적 신호로 읽혔다고 하겠다.

앞에서도 언급했지만, 이렇게 생각지 못한 사건 사고의 맥락에서 유기농 달걀은, 더 정확히는 살충제 달걀도 하루에 2~3개를 먹는다면 인체에 유해하지 않다는 정부 발표는, 아이쿱생협이 정체성을 크게 바꾸는데 하나의 중요한 계기가 되었다.

그리고 아이쿱생협이 정체성을 크게 바꾸게 된 또 다른 중요한 계기는 바디버든 *Body Burden*에 대한 인지였다고, 신성식 당시 경영대표는 설명하는데, 바디버든에 대한 인지는 나를 둘러싼 환경의 시대적 변화라는 맥락에서 조합원 사이에서 자연스럽게 이루어졌다고 할 수 있다.

나, 이웃, 지구 환경의 변화

친환경 농산물이라는 인증은 소비자에게 선택을 위한 중요한 기준으로 작동했다. 그런데 어느 날 친환경 인증을 받은 농가에서 살충제가 검출되었다는 언론 보도가 터진 것이다. 그 결과 친환경 인증에 대한 불신이 크게 늘었고, 살충제 달걀 사태 이전에 비해 달걀뿐 아니라 친환경 농산물 전반에서 매출 급감이 현실로 나타났다. 친환경 산란계 농가에서 살충제 성분인 비펜트린, 피프로닐에 이어 농약 성분으로 알려진 DDT 성분까지 추가 검출되었고, 그 사실이 알려지면서 친환경 제품 전반으로 불똥이 튀었다.[18]

연이어, 닭고기에서도 DDT 성분이 검출되었다는 소식이 방송과 신문 지면을 뒤덮고, 생리대 일부에서 독성 휘발성 유기화합물이 검출되었다는 언론 보도, 휴대폰 케이스 일부에서 납과 카드뮴 등이 검출되었다는 보도가 이어지면서 사람들은 먹을거리 외에도 생활재 속에 유해화학물질이 산재하고 있다는 공포감에 시달렸다. 2017년 하반기의 상황이다.

여기에서 다시 2017년 초로 시간을 돌려보자. 2016년 말 아이쿱 생협 내외부에서 터진 사건 사고들이 해결되고 달걀 파동까지 해결된 직후인 2017년 초였다. SBS 교양제작국 〈SBS 스페셜〉 제작팀으로부터 연락이 왔다. 환경호르몬의 심각성을 사람들에게 알리고, 그 문제를 어떻게 풀어가야 할 것인가를 같이 고민해보자고 사회에 권하는 프로그램을 하나 기획하고 있다면서, 아이쿱에게 도움을 요청했다.

인체 내에 쌓이는 특정 유해인자나 화학 물질의 총량인 바디버든 *Body Burden*의 축적 수준이 상대적으로 높거나, 위해를 초래하는 수준으로 높아진 사람들의 몸으로부터 바디버든을 줄이는 실험을 하는 과정에 친환경유기농 식품과 유해 물질이 없는 화장품과 비누, 샴푸, 치약 등의 생필품이 필요하다고 담당 PD는 설명했다. 그리고 그것들이 아이쿱생협에 있다는 소개를 받았다면서 프로그램에 제공해 달라고 요청했다. 프로그램의 구성안은 몸에 쌓인 바디버든이 건강에 어떤 영향을 주는지, 그리고 생활의 변화를 통해 바디버든을 얼마나 줄일 수 있는지를 관찰하고, 전문기관에 의뢰한 분석 결과, 음식과 생활용품을 바꾸는 것만으로도 바디버든이 크게 줄어드는 것을 몸으로 확인할 수 있다는 내용을 담았다.

당시는 2011년부터 시작되어 2016년까지 가습기 살균제 사망 사건으로 한국 사회가 들썩이고 있던 때였다.

2017년 2월 26일과 3월 5일에 SBS 스페셜 "바디버든"은 1부 자궁의 경고, 2부 독성유전이라는 제목으로 전파를 탔다. 바디버든이라는 아이디어를 다른 매체들이 받아서 관련된 소재나 주제로 기획해서 특집기사나 방송을 만들었더라면 매체간 공명을 통해 사회적 이슈로 자리를 잡을 수 있는데, 아쉽게도 그러한 반향을 불러오지는 않았다. 그러나 건강 감수성이 높은 아이쿱 조합원들 사이에서는 작지 않은 파동이 일어났다. 우리가 먹고 마시고 사용하는 모든 것이 인간이 만든 합성화학물질과 매우 밀접하게 관련되어 있다는 것을 방송을 통해서 인지한 것이다. 화장품이나 비누, 치약 등을 사용하는 것만으로 의도치 않게 나의 몸 안으로 흡수될 수 있는 유해화학물질이 존재한다는 사실을 방송을 통해서 알게 된 것이다. 그리고 실제로 많은 여성이 경험하거나 주위에서 보아 온 생리통의 고통이 환경호르몬과 무관하지 않다는 사실을 처음 알게 된 조합원도 많았다. 이 방송 시청을 계기로 아이쿱생협 지역조합 활동가들은 처음에는 활동가들 사이에서, 그리고 이어서 조합원에게 방송에서 본 대로 몸속에 있는 바디버든을 줄이는 프로그램을 소개하고 참여시켰다.

그렇게 2017년부터 바디버든(체내독소) 줄이기 프로젝트는 전국의 아이쿱생협에서 진행되었다. 플라스틱 용기는 가능하면 쓰지 않고, 화장품, 세제, 샴푸 등을 환경호르몬 없는 아이쿱 자연드림 제품으로 바꾸고, 물 마시기와 손 씻기를 자주 하는 등의 일상적인 실천을 2주에 걸쳐서 진행하는 방식이었다.

바디버든 줄이기 활동에 참여한 아이쿱생협 조합원 495명을 대상으로 줄어든 독소를 확인해보니까, 환경성 페놀류는 적게는 20%에서 많게는 64%까지 감소했고, 프탈레이트류는 최소 10%에서 최대 26%까지 감소했다.[19]

이때부터 건강한 식습관, 생활 습관을 실천한다면 체내에 유입되는 독소를 줄일 수 있다는 것을 확인한 셈이다. 그리고 후에 이것을, 건강한 생활 습관을 실천하여 몸과 마음을 건강하게 만드는 것을, '치유'라고 이름 붙였다.

안전하고 건강한 먹을거리를 구입하고자 아이쿱 우산 아래에 모인 조합원들 사이에서는 2018년에도 바디버든 줄이기 캠페인 참여자가 계속 나왔다.[20]

바디버든 줄이기를 교육할 강사단을 양성해서 조합원에게 체내독소와 유해환경 물질의 문제점을 알리고 건강한 생활을 만들어가도록 하는 길라잡이 역할을 맡겼다. 몇 개의 규칙도 만들었다. 우선, 내 몸을 유해화학물질에 노출하는 것을 줄이기 위해서 '친환경 유기농 식재료 이용' '합성계면활성제, 향료 등 내분비교란물질로 작용하는 화학물질 줄이기' '면 생리대 사용' '플라스틱류 밀폐용기 등의 식기류 사용 제한, 유리나 스테인리스 사용' '파라벤, 프탈레이트, 중금속이 함유된 화장품 사용 자제, 향료 알레르겐 물질 및 향을 보존하기 위한 첨가물이 들어간 제품 사용 금지' '탈취제, 살충제 등 농약 성분의 해충제 사용 금지' 등을 생활 수칙으로 정했다.

그리고 이미 몸 안에 흡수된 유해화학물질을 배출시키기 위해서

'하루에 물 2리터 마시기' '식이섬유가 많은 채소 과일 섭취' '패스트푸드 피하기' '일주일에 3번 이상 땀이 날 정도의 운동하기' '미네랄이 풍부하고 식이섬유가 많아 중금속 배출 효과가 좋은 유기농 현미 섭취하기' 등의 생활 수칙도 만들었다. 이처럼 아이쿱은 조합원에게 유해 물질에 노출되는 것을 감소시키고 이미 체내로 유입된 유해 물질은 배출하는 것을 증대시키기 위한 생활 수칙을 만들어 알리고 습관으로 만들 것을 권했다.

바디버든 줄이기에 참여한 조합원들은 자신의 일상 생활 습관을 돌아보게 되고, 생활 수칙을 지키면서 유해화학물질에 대한 노출을 피하고 배출을 시키고자 애썼다. 지역조합의 활동가들은 바디버든 줄이기 체험자들의 사례를 다른 지역 활동가들과 공유하는 한편, 자신의 지역에 맞는 활동을 기획하고 만들어나갔다.

"이때 집에 있는 플라스틱 통들 많이 버렸지요. 유리나 스테인리스로 많이 바꿨어요. 예를 들면, 프라이팬을 스테인리스 프라이팬으로 바꾸자고 운동을 벌였는데, 상당수의 조합원은 스테인리스 프라이팬이 환경유해물질이 없어 몸에 좋은 건 잘 알겠지만 잘 눌어붙어서 선뜻 쓸 맘이 나지 않는다고 하시더라고요. 그래서 스테인리스 프라이팬에 눌어붙지 않게 요리할 수 있는 법에 대해서, 조합 차원에서 스테인리스 프라이팬을 활용한 요리 교실 같은 것을 열었어요. 저희들끼리는 난이도가 가장 높은 것이 달걀 프라이 만들기라고 했는데, 어떻게 하면 들러붙지 않는지에 대한 정보를 주고받기도 했던 걸로 기억합니다."(권경숙 전 김포아이쿱생협이사장)

가장 앞서서 바디버든 줄이기 운동에 참여했던 한 활동가는 "2주 동안 의지를 갖고 생활 습관을 바꿔봤더니, 2주 후에 바디버든이 감소했다는 것을 데이터로 확인할 수 있었어요. 내 몸이 깨끗해졌구나 하는 자신감, 그건 일종의 자존감이랄 수 있겠는데, 아무튼, 그게 생기더라고요. 그러니까 당연히 나 말고 조합원, 그리고 조합원뿐 아니라 내 주위에 있는 비조합원에게도 바디버든 줄이기 프로젝트를 자신있게 추천할 수 있겠다 싶더라고요"라고 회고했다.

"바디버든 줄이기 캠페인 때, 지역조합에서 활동가들은 조합원에게 설명해주기 위해 독소 관련해서도 공부 많이 했어요. 예를 들면 네임드스티커*named sticker*라고 학생들이 공책에 이름쓰기 위해 붙이는 스티커의 접착성분에서 어떤 화학물질이 검출되는지, 뭐 그런 것들도 다 학습해야 했는데, 지금 생각해보면 그때 정말 재미있게 했던 것 같아요. 그리고 독소 배출 캠페인을 전국적으로 쭉 하고 나니까 400명

넘는 참여자들로부터 굉장히 의미 있는 데이터들이 나왔거든요. 명쾌한 수치 감소 덕분에 사람들은 바디버든 줄이기 활동을 되게 신뢰감 있게 보는 거예요."

"생협 생활용품은 세련되지 않고 볼품은 없는데 확실히 비스페놀이 없네" 이런 생각도 하고, "디톡스를 하니까 확실히 내 몸속의 독소가 줄었네" 이런 말들도 하더라고요. 이런 생각 저런 말들을 들으면서 든 생각이 아이쿱 바디버든 프로젝트가 데이터 때문에 공신력을 가질 수 있구나 싶었어요."(김정희 전 아이쿱생협연합회 회장)

아이쿱 조합원에게는 공유되는 믿음이 있는데, 아이쿱생협의 식품은 안전하고, 그런 식품을 구매해서 먹으면 자신과 가족의 건강, 나아가 지구의 건강을 지킬 수 있을 것이라는 믿음이다. 그 믿음은 어찌 보면 다소 막연하다고 할 수 있다. 그러던 중에 친환경유기식품을 기본적으로 섭취하면서 생활재의 유해물질을 멀리하는 등으로 생활 습관까지 바꿔보는 바디버든 줄이기를 실천할 기회를 가진 조합원은 내 몸에 있던 독소가 얼마나 감소했는지를 수치로 접하게 되었고, 이러한 수치는 아이쿱생협의 식품과 프로그램에 대한 구체적인 믿음을 갖게 해주었다. 친환경유기식품을 기반으로 생활습관까지 바꾼다면 몸의 건강을 지킬 수 있다는 것이 확신으로 자리할 수 있게 된 것이다.

조합 차원에서는 바디버든 줄이기 캠페인을 통해서 환경의 문제를 더 이상은 먹을거리에만 제한해서는 몸의 건강을 지킬 수 없고 생활의 영역에서 안심이 확보되어야 몸의 건강이 지켜질 수 있다는 것에 의견이 모아지면서 사업의 방향 전환을 준비했다.

즉, 아이쿱생협은 생협의 사회적 소명, 가치로서 이전까지 견지해 오던 친환경 식품의 공급에 머물지 않고 나와 이웃과 지구의 건강을 지키겠다는 궁극적 목적을 위해 사업의 확장 혹은 방향의 전환을 모색하게 되었다.

#3

#달걀 파동 #살충제 먹어도 된다고? _신성식의 구술

    2016년 10월경부터 본격적으로 조류독감에 걸린 닭을 땅에 묻으면서, 자연스럽게 달걀 생산이 부족해지면서, 달걀 파동이 시작되었죠. 그래서 닭이 조류독감에 걸리지 않은 생산자는 소위 대박을 칠 수 있는 상황이 됩니다. 아이쿱생협 닭 생산자 중에는 거래를 싹 끊고, 돈을 더 준다는 외부 유통업 유통업체로 거래를 싹 바꾼 사람이 나왔습니다. 그 생산자가 자기 계란을 외부 유통업체에 파는 수준에서 멈춘 게 아니라, 다른 생협 생산자를 꼬드겨서 같이 하루아침에 생협 거래를 중단하게 하고 외부업체에다 계란을 파는 행태까지 보인 거죠….

    2016년 하반기에 수산물 담당자가 납품업체에서 뒷돈을 받은 비리 사건, 우향우라는 곰탕을 만드는 업체가 버려야 할 쓰레기 뼈를 사용했다는 언론 보도, 실제는 무항생제 한우가 아닌 일반한우를 혼입하는 사건이 연달아 있었는데, 여기에 조류독감으로 인한 달걀 파동 때 생산자가 이탈하는 일까지, 연이어 터졌습니다. 이런 큰 사건 사고를 겪다 보니까, 1차 생산자, 가공 생산자들을 믿고 같이 수준 높은 협동조합 사업, 나아가 좋은 사회를 만드는 일이 가능한 건지 근본적인 의문이 들었습니다.

2016년 겨울부터 연이어 발생한 사건, 사고들이 어느 정도 해결되었는데, 겨우 한숨 돌리고 났는데, 2017년 여름에는 다시 달걀에서 살충제가 검출되어서, 세상이 발칵 뒤집혔죠. 달걀은 요리할 때 식자재로 가장 많이 쓰이는 품목이고, 예를 들면, 빵에도 들어가, 전 부칠 때도 필요해, 아무튼 보통 사람들은 거의 매일 먹고산다고 봐야 하잖아요.

아이쿱 유정란에서는 살충제가 검출되지 않았지만, 전국적으로 제법 많은 달걀 생산지에서 살충제가 나왔어요. 정부는 유통을 중단시키기도 하고 했는데, 나중에 식약처에서 발표하기를 하루에 2.6개씩 죽을 때까지 먹어도 문제없다는 거예요. 기가 찼죠. 식약처의 발표가 맞다면, 유기농이 필요없으니까 농림부의 유기농 인증제도를 폐지하는 것이 맞는데, 그렇게는 하지 않더라고요.

살충제 먹어도 된다고? 그러면 친환경 유기농 달걀은 뭐야? 도대체 유기농이 뭐가 좋지? 라는 고민을 하기 시작했습니다. 그 와중에 2017년 2월에 있었던 SBS의 바디버든 방송이 합쳐지면서 치유와 힐링으로 전환을 하게 되는 계기가 되었던 겁니다.

바디버든 줄이기 경험을 하면서, 유기농이라는 개념이 하나의 프레임으로 구속하고 있던 것은 아닌가, 이제 그 프레임에서 벗어나는 게 맞는 거 아닌가, 유기농이 의미가 있으려면 자연환경에도 좋고, 사람에게도 좋아야 하는 것 아닌가, 그런 생각과 의문들이 본격적으로 나오면서, 새로운 방향을 찾기 시작했어요. 총 70여 회, 연인원 2천 명이 참여하는 토론회를 했습니다. 전형적인 숙의 민주주의가 펼쳐진 겁니다. 그 토론회를 거치면서 아이쿱생협의 활동 방향을 치유와 힐링으로 재설정하게 된 거죠.

저 역사가 시작된 거죠? 좋은 식품으로 당뇨 고혈압 같은 질병이 나아지는 걸 직접 증명하자라는 단순하고도 무식한 도전이 시작된 거죠.

icoop

icoop

coop

2

소금

#1
#소금 부심 #나, 적극적인 조합원

평범한 외모를 가졌지만, 눈빛이 상당히 야무져 허투루 보이지 않는 지민 씨가 입을 열었다.

1577 – 6009

아이쿱생협에 문의하거나 의견을 남기고 싶을 때면 저는 이 번호로 전화를 겁니다. 다른 조합원과 이야기를 나누면서 알아보니까, 대부분이 이 번호를 모르시더라고요. 저는 조금 자주 거는 편인 것 같아요.(웃음) 어쩌면 조금 극성맞은 조합원일 수도 있겠다 싶긴 해요. 그래도 오해는 말아주세요. 저는 결단코 진상은 아니랍니다.

우선 제 소개를 먼저 해볼게요.

저는 서울에서 나고 자랐지만, 남편이 대구에 직장을 잡는 바람에 이사를 왔고 11년째 살고 있어요. 앞으로도 계속 대구에서 살 것 같아요. 저희 집은 청소년 1인을 포함한 3인 가구예요. 조합원으로 가입한 건 2015년쯤 친구 따라 자연드림 매장을 방문했을 때인데, 거기에 진열되어 있는 물품을 보고 욕심이 났고, 덜컥 가입해버렸어요.

제 엄마가 육십 세가 조금 안 된 나이에 대장암에 걸려서 수술하셨고, 다행히 팔십을 바라보는 지금까지도 건강을 유지하면서 잘 지내고 계시는데, 엄마가 아프신 이후로 저는 발암물질이 없는 음식을 찾아서 먹기 시작했던 것 같아요. 텔레비전이나 신문 같은 거 보다 보면, 건강 관련 프로그램이나 기획 기사들이 많이 나오잖아요? 저명한 의사분들, 식품영양학 전문가들, 요리 전문가들이 나와서 어떤 음식은 어디에 좋다고 소개할 때가 많은데 그럴 때마다 기억해두었다가 그 음식을 사서 먹기도 했지요. 조금 더 비싸도 좋은 음식에 손이 가는 것은 아이 키우는 부모라면 이상할 것 하나도 없다고 생각해요. 그걸 형편에 맞지 않게 사치부린다고 말할 수는 없잖아요. 아이를 키우는 입장에서 좋은 음식을 먹이고 싶은 건 너무나 당연한 것 같아요. 아무튼 저는 그래요. 그런 저에게 괜찮아 보이는 친환경유기농식품들이 많이 전시되어 있는 자연드림 매장은 아주 매력적인 곳이지요. 그냥 스쳐 지나갈 곳이 아니었지요. 아무튼, 그렇게 저는 아이쿱생협 조합원이 되었어요.

조합원 자격을 얻은 이후로는 본격적으로 친환경, 특히 유기농식품으로 우리 집 식단을 채웠지요. 유기농 채소를 먹으면 뭔지 모르겠지만 몸이 건강해지는 느낌이었어요.

매장에 장을 보러 가기만 해도 건강해지는 느낌에 기분이 좋았어요. 파릇파릇한 상추랑 깻잎이랑, 싱싱한 당근, 오이, 버섯, 브로콜리 같은 것들을 골라 담고, 단단하기로 신선도를 가늠할 수 있는 감자며 양파도 제가 좋아하는 기본 식자재지요.

공정무역 바나나

음식 좀 가려서 사서 먹는 사람들 사이에서는 수입 바나나에 대해 거부감이 크잖아요. 방부제 잔뜩 묻혀서 들여왔을 테니까요. 그런데 자연드림에서는 제주도에서 생산하는 바나나를 취급하는 거예요. 방부제가 없겠구나 싶으니 아주 좋더라고요. 제가 바나나를 좋아하거든요. 그런데 다들 아시다시피 이 바나나는 후숙시켜서 먹어야 하는데, 후숙을 성공적으로 하기가 너무 어렵더라고요. 후숙 방법을 매장 매니저에게 듣고 신문지에 싸두고 기다려 보기도 했지만, 후숙시키기에 성공하기보다 실패하는 일이 더 많았어요. 고민이 되더라고요. 시중 바나나로 갈아타야 하나? 근데 그건 약품처리를 많이 해서 건강에 좋지 않을 게 분명하니까 선뜻 손이 가지 않고…. 아무튼, 이런 저런 생각을 하다가 아이쿱에 문의해보기로 했지요.

1577－6009로 전화해서 후숙해서 공급해줄 수 없는지 상품 담당자에게 건의해달라고 했죠. 후숙시키느라 끙끙대던 중에 아이쿱이 공정무역 바나나를 공급해주어서 저는 그쪽을 선택해서 먹고 있습니다. 국산이 아니어서 마음이 살짝 불편하긴 해도, 공정무역 물품이어서 불편했던 마음이 살짝 해결되었다고나 할까요?

한번은 이런 일도 있었어요. 비트라는 채소 있잖아요? 빨간색 나는 거요. 둥근 모양으로 작은 무처럼 생긴 거요. 그게 체내 독소 빼고 노폐물도 빼줘서 몸에 좋다고 어디에선가 들었어요. 보니까 주변에서도 많이들 비트를 사서 먹더라고요. 처음에는 외국에서 수입하는 줄 알았는데, 국내에서도 재배한다고 하더라고요. 국내에서 재배한다는데 아이쿱에서는 취급하지 않는 거예요. 저는 너무너무 사 먹고 싶은데 말이죠. 그래서 1577－6009로 전화했죠. 비트 좀 취급해달라고 의견 접수를 했어요. 그 덕인지 어쩐지 비트가 장보기 물품에 올라

와서 간혹 구매하고 있습니다.

 요즘에는 한 끼 먹을 양으로 샐러드가 나오고 있던데, 저 같은 경우는 진작에 이런 상품이 필요했고, 그래서 이미 여러번 취급 요청 전화도 걸었어요. 제가 그런 사람이요.(웃음)

환경감수성

 그리고, 제가 환경문제에도 관심이 많아요. 무슨 특별한 이유가 있는 건 아닌데, 전부터 아주 자연스럽게 그냥 기후문제 환경문제가 나오면 관심이 가곤 했던 편이에요. 예를 들면 대구지역 아이쿱에서 친환경 수세미 만들기 프로그램을 마련했다고 안내를 하면 누가 오라고 하지 않아도 참여했어요. 거기에서 만든 수세미는 집에 가져와서 잘 썼지요. 집에서 전기 낭비하지 않게 눈에 불을 켜고 있어요. 식구들이 무심코 빈방에 전등을 켜놓으면 잔소리하는 건 기본이고요, 여름에 에어컨도 가능하면 켜지 않으려 하고요, 자동차 이용도 신경을 좀 쓰는 편입니다. 카페에 갈 때면 텀블러 챙기는 건 일상이고요, 외식하게 되면 남은 음식을 싸 올 통을 챙겨가기도 해요. 주위 사람들과 비교해보면, 저는 환경문제에 관심도 많고 실천도 제법 하는 편이

더라고요. 솔직히 그런 제 자신이 기특하기도 해요.

2018년으로 기억하는데 뉴스에서 미세플라스틱이 바닷물에서 나왔다고 하더니만, 강물에서도 나왔다고 하고, 그러고는 수돗물에서도 나온다고 하는데, 겁이 더럭 나더라고요. 저 멀리에 미세플라스틱이 있는 게 아니라 점점 내 가까이, 바다에서 강으로, 수돗물로 다가오잖아요. 나중에는 천연소금에서도 검출되었다는 뉴스를 보니까, 내가 먹고 있는 자연드림 소금은 안전한지가 너무너무 궁금한 거예요. 소금은 거의 모든 음식에 들어가잖아요. 매일 먹는 거라는 말이거든요. 한국 음식은 간을 할 때 소금 아니면 간장이고, 사실 간장도 소금 넣어서 만들잖아요. 그런데 그런 소금에 혹시라도 미세플라스틱이 들어 있고, 그걸 내가 먹는다는 건, 상상만 해도 끔찍하더라고요. 그동안 나름대로 일부러 천연소금으로 골라서 먹어왔거든요. 천연소금은 좋다고 하니까. 특히나 저는 아이쿱 조합원이니까 우리 생협의 물품을 신뢰하거든요. 당연히 자연드림 천연소금이니까 더 안심했고, 주위에도 막 자랑하고 그랬거든요. 자연드림 소금은 안전해 그러면서.

그래도 혹시나 하면서, 사실 걱정보다는 궁금해서, 말하자면 확인 차원이었던 거죠. 전화기를 든 이유는.

1577 - 6009에 전화를 걸었고, 단도직입적으로 물었어요.

"자연드림 소금은 미세플라스틱으로부터 안전한가요?"

#2
#미세플라스틱 #미세플라스틱 없는 생수
#미세플라스틱 없는 소금 #기후위기

2016년부터 미세플라스틱에 대한 관심이 사회적으로 퍼지기 시작했다. 대중적 관심의 시작은 파도나 바람 등으로 인해 5mm 이하로 잘게 부서진 미세플라스틱이 해양을 특히 오염시키고 있고, 인간이 오염된 해산물, 특히 물고기를 섭취하는 경우에는 건강에 위협을 받을 수 있다는 내용에서부터였다.

그렇다면 해산물만 조심하면 되는 건가? 문제는 내 몸이 놓인 주변 어디에나 미세플라스틱이 존재한다는 사실이었다. 정부가 나서서 화장품— 특히, 화장품 중에서 미세플라스틱을 마모제로 사용하는 화장품—과 치약 등에 대해 사용을 규제했다.

미세플라스틱의 존재에 대한 연구 결과가 속속 나오기 시작했다.

2017년 세계 여러 나라에서 시판 중인 식용 소금에 미세플라스틱이 들어 있다는 연구 조사 결과가 사이언티픽 리포츠_{Scientific Reports} 4월 6일자에 실렸다.[21] 그간은 '해양오염의 주범'이라는 별칭이 말해 주듯이 해양에만 미세플라스틱이 존재하는 것처럼 여겨졌다면, 이제는 하천수뿐 아니라 먹는 물, 특히 수돗물에서 발견되었다는 것을 미국 환경운동단체가 발표했다.[22] 그것을 계기로 국내에서도 수돗물과 생수에 대한 미세플라스틱 유무 검사가 이뤄졌다. 그러나 대한민국 환경부는 우려하지 않아도 될 수준이라고 발표했다.[23]

2018년에는 플라스틱 쓰레기의 심각성에 대한 사회적 인식이 최고조로 높아졌다. 언론의 보도가 역할을 했다. "청정지역 남극마저… 미세플라스틱 오염"(조선일보, 2018.6.8.), "인천~경기 해안, '살인 입자' 미세플라스틱 농도 세계 2위"(문화일보, 2018.6.12.), "생명 위협하는 미세플라스틱"(국민일보, 2018.6.16.), "모래사장 두 뼘서 이만큼이나…. 미세플라스틱으로 병든 해변"(한국일보, 2018.8.30.), "건강 위협하는 미세플라스틱… 누가 가장 큰 피해 입게 될까"(동아일보, 2018.11.7.) 등 전년 대비 2배가 넘는 보도량과 '오염' '살인' '병든' '피해' 등의 위협적 소구를 위해 선택되는 단어들로 보도 표제들이 도배되면서 소비자들의 걱정은 깊어졌다.

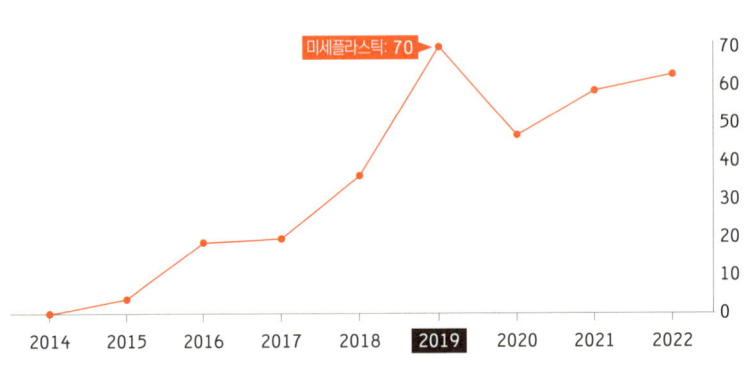

<언론 보도 제목에서 '미세플라스틱'을 검색한 결과 추이>(출처:빅카인즈)

　이미 2018년 5월 환경부는 2030년까지 플라스틱 폐기물 발생량을 절반으로 줄이는 내용의 〈재활용 폐기물 관리 종합대책〉을 발표했는데, 대책에 따르면 8월부터는 커피전문점과 패스트푸드점 매장 내에서 일회용 컵 사용이 금지될 것이며, 10월부터는 대형마트에서 일회용 비닐봉투 사용이 금지될 것이라는 내용이었다.[24] 소비자들은 커피숍과 마트에서 일회용 컵과 비닐을 받지 못하면서 정부의 플라스틱 줄이기 정책을 실감할 수 있었다.

　한편, 세계 각지의 영화제에서 수상한 다큐 '플라스틱, 바다를 삼키다*A Plastic Ocean, 2016*'[25]로 인한 대중적 파장도 적지 않았다. 이 영화는

2017년 울주 산악영화제에서 상영되었으나, 관람객이 적어서 당시에는 사회적 반향이 나타나지 않았지만, 2019년 4월 넷플릭스에서 상영되면서, 많은 이들이 플라스틱 쓰레기가 죽은 새와 물고기와 고래의 위 속을 가득 메우고 있는 영상을 접했고, 이 영상들은 유튜브를 통해서 퍼져나가면서, 많은 이들이 해양 플라스틱 오염의 심각성에 충격을 받았다.

그러한 사회적 분위기 속에서, 2018년 9월 해양수산부가 한국의 천일염에서 미세플라스틱이 검출되었다고 발표한 것이다.[26] 2016년부터 바닷물, 수산물, 화장품, 치약 등에서 미세플라스틱이 검출되었다는 보고가 연이어 나오기 시작한 지 2년여 만이다. 소금에서도 미세플라스틱이 검출되었다는 정부 발표가 나오면서 식탁 위 안전에 대한 일종의 공포심이 조성되었다. 소금을 안 먹고 살 수는 없지 않은가. 미세플라스틱 검출 및 폐해에 대해 대중의 예민도가 높을 대로 높아진 시점에서, 건강에 민감한 아이쿱 조합원 사이에서 질문이 나오기 시작했다.

"자연드림 소금은 미세플라스틱으로부터 안전한가요?"

당연히 안전할 것이라고 믿고 있었지만, 조합원이 궁금해했기 때문에 자연드림 소금을 검사 대상으로 올렸다. 믿을 수 없었다. 미세플라스틱이 검출된 것이다. 검출 결과지를 받아든 경영진은 미세플라스틱 없는 소금을 만들기 위한 대책을 시급히 마련하기 시작했다. 대책을 논의하는 과정에서 미세플라스틱 없는 생수와 미세플라스틱 없는 소금이라는 두 마리 토끼를 잡는 방안이 나왔다. 고갈되어 가는 지하수로부터 생수를 끌어올리는 것에 대한 대안 마련이 필요했던 차에, 미네랄이 풍부한 해양심층수에서 미세플라스틱을 차단할 기술만 있다면 가능하겠다는 판단이 섰다.

결국, 해양 600미터 이하 심층수를 필터링해서 마실 물을 만들고 정제해서 소금을 만들 수 있었다. 그렇게 해서 2019년 미세플라스틱 0% 소금 개발에 성공하면서, 제일 먼저 가공식품에 사용되는 소금을 미세플라스틱 없는 소금으로 대체하기 시작했다. 그런 이후인 2020년부터 조합원에게 미세플라스틱과 중금속이 없는 소금('깊은바다소금')을 공급하기 시작했다.

한편, 2019년 7월 '미세플라스틱 없는 기픈물'이 출시되었다. 2019년 아이쿱생협은 '플라스틱 100% 재활용을 위한 자연드림의 약속'을 선언했고, 2021년 7월 플라스틱 용기 대신 종이팩에 생수를 담아 출시하는 것을 계기로 전국적으로 'NO 플라스틱 캠페인'을 벌였다.

2017년 이후 2018년 당시 바디버든 줄이기는 지역조합의 중요한 활동이었다. 아이쿱생협의 친환경 유기농 식재료를 통해서 자신의 몸 안에 독소가 유입되는 것을 막으려는 조합원들에게 새롭게 선보이는 미세플라스틱과 중금속이 없는 소금은 선택하지 않으면 안 되는 품목으로 자리를 잡았다. 뿐만 아니라, 체내에 쌓이고 있는 독소를 배출하기 위해서 깨끗한 물을 하루에 2리터는 마시자는 권고를 듣던 조합원들에게는 미세플라스틱 없는 생수를 만들어준 조합에 만족했다. 게다가 기후위기에 민감하게 대응하던 조합원들에게는 아이쿱의 소금과 물은 그냥 나 개인의 몸에 좋은 소금과 물의 차원을 넘어 기후위기에 대응하는 생협의 실천으로서의 상징이었을 것으로 보인다.

"기픈물 출시는 자연드림의 미세플라스틱 0% 소금인 '깊은바다소금'과 깊은 관련이 있다. "자연드림 소금에서는 미세플라스틱이 안 나오나요?"라는 조합원의 질문에서 이 사업은 시작됐다. 그 질문 덕분에 미세플라스틱 문제에 주목할 수 있었고, 직접 미세플라스틱과 중금속을 제거해 생산하기 위해 '솔트로드'가 만들어졌다…. 종이팩은 플라스틱과 유리병보다 생산과 폐기 과정에서 탄소 발생이 적다…. 전국 매장과 조합 등 400개 곳에서 실제로 수거한 기픈물 멸균팩이 석 달 동안의 통계를 보면 31톤이었는데, 이것은 30년생 소나무 367그루를 보호하고, 연간 평균 2.4톤의 이산화탄소를 감축한 효과를 보였다는 계산이 나온다."[27]

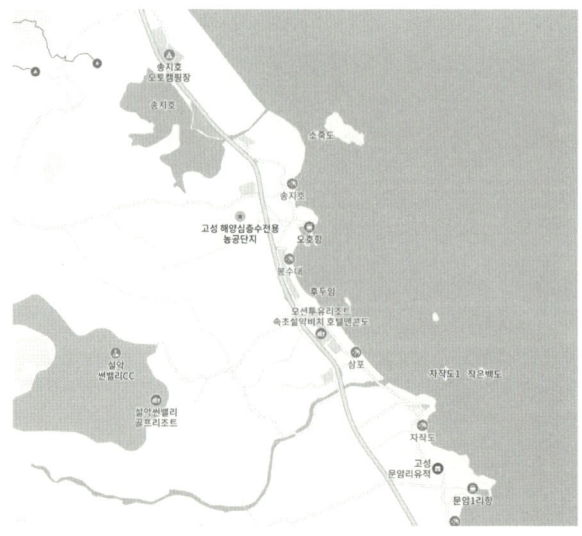

'깊은바다소금'과 '기픈물'을 생산하는 솔트로드 산업클러스터. 동해안에 있는 고성에 있다. 지도 위에 '고성해양심층수전용농공단지'가 표시되어있다.

#3

바디버든 #조합원 전화 _신성식의 구술

"사업적으로 바디버든 줄이기 프로그램을 하면서 미세플라스틱 없는 소금을 만들게 되었고, 기픈 물도 만들었고, 그러는 중에 '농업용 기픈물'[28]을 만든 거 아니냐"는 질문을 받은 적이 있어요. 그런데 제 답은 '그렇다고 할 수는 없다' 입니다. 그러니까 소금, 정확히는 미세플라스틱 없는 소금과 이온 미네랄을 생산하게 된 계기는 좀 약간 다르게 시작됐어요.

3년 전에, 아니 그 전부터 사회적으로 가끔 한 번씩 미세플라스틱 문제가 기사화되었어요. 물론 그럴 때마다 소란스러워졌다가 곧 수그러들곤 했지요. 그러다가 〈한겨레〉랑 몇 군데 언론에서 동시에 미세플라스틱 문제를 다루더라고요. 유명 대기업이 만든 소금에서 미세플라스틱이 제법 많이 검출되자, 미세플라스틱 검출 허용 기준이 아직 없기 때문에 합법적이라고 대답하면서 사회적 파장이 좀 더 커졌지요. 그런 기사들을 조합원들이 보고나서 문의가 시작된 거예요. 자연드림 소금은 미세플라스틱 없냐고. 괜찮냐 질문이 하루에 두 건 접수되었다는데, 그 전화로 인해서 역사가 시작되었습니다. "그래? 그럼 우리 것도 검사해보자" 했던 거죠. 우린 천일염이니까, 우리가 신안에서 직접 받아온 거니까. 그때 당시에는 자신이 있었던 겁니다.

그런데 미세플라스틱이 나오는 거예요. 솔직히 많이 당황했죠. 이거 어떻게 하지? 이렇게 해서 해결책 찾느라 시작된 거예요. 미세플라스틱 없는 소금은. 그런데 해보니까 미세플라스틱 없애는 것이 정말 복잡하더라고요. 그때 공부 정말 많이 했어요.

그런데 이온 미네랄의 시작은 좀 달랐어요. 자연드림유기농치유연구재단에서 '생명이란 무엇인가?'라는 주제로 공부하던 중에 미네랄—특히 모든 생명체의 세포벽에 있는 칼륨—나트륨 펌프가 생명 활동에 없어서는 안 되는 역할을 하고 있다는 사실을 알게 되었는데, 그때 생각했죠. '소금도 필수 미네랄인데'라고 생각하면서 둘이 만나게 된 거지 처음부터, 혹은 미세플라스틱 없는 소금을 만들다가 계획한 거는 아니에요.

icoop

icoop

coop

3

치유하는 삶, 치유되는 몸

#1
#갑상선 암 #채소 70% #몸 치유 #마음 치유

구례에 사는 이선주씨는 자신의 치유 경험담을 솔직하게 털어놓았다.

"여기 갑상선 모양이 좀 이상하네요"

2021년 1월이었는데, 괴산병원에서 제 몸 여기저기를 초음파로 보고 있었는데, 목 부분을 반복해서 보던 초음파사가 저에게 화면을 보여주면서 말하더라고요. 그런데 이상하다는 말을 들었지만 그때만 해도 저는 별로 심각하게 생각하지 않았어요. 무엇보다 그 분 말씀 중에 '아닐 수도 있지만' '갑상선 모양이 좀 이상하니까 병원에 가서 검사를 한번 해보라'는 거였고, 저는 아닐 수도 있다는 말을 더 비중 있게 들었던 것 같아요. 왜냐하면 몸에, 건강에 전혀 이상이 느껴지지 않던 상태였거든요. 그리고 1월이라는 시기가 총회 준비와 총회 행사 때문에 두어 달 바쁠 때잖아요. 바빠서 다른 건 신경을 쓸 겨를이 없었어요.

총회를 다 치르고 나니까 3월이더라고요. 그때 1월에 들은 말이 생각났어요. 검사 한번 해보라는. 마침 시간이 남는데 병원에 전화 한번 해볼까? 이러면서 순천에서 예약 없이 바로 검사가 가능한 병원 세 군데에 전화했는데, 한 군데에서 된다는 거예요. "오면 바로 할 수 있다." 그래서 그 병원으로 갔죠.

'또 언제 시간을 내겠어', '오늘 될 때 가자'. 그렇게 생각하면서 병원에 가서 검사했어요. 그로부터 일주일 뒤인 4월 초에, 그 병원에서 전화가 오더라고요. 전화로는 결과 설명 못 드리니까 오시라. 그래서 갔죠. 의사 선생님이 암이라고, 큰 병원 가서 수술하셔야 한다고, 그때 진짜 깜짝 놀랐어요.

아무 생각 없이 시간이 남아서 병원에 간 거였거든요. 그때도 만약에 바빴다면 검사 안 했을 거예요. 근데 어쨌든 검사 한번 해보라고 초음파사가 했던 말이 계속 좀 남아 있었고, 시간에 여유가 생겼고,

그러니까 병원에 간 거였거든요.

그런데 암?

처음에 진단 결과 얘기할 때는 정말 믿기지 않았죠. 제가 집안에서 막내였는데, 엄마 아빠 언니 오빠 다 암은 없었거든요. 고혈압 환자도 없었고. 친가나 외가나 다 암이 없었어요. 저희 아빠가 지금 치매가 있으셔서. 사실 치매는 걱정하고 있었지요. 그런데 암은 진짜 전혀 생각 안 하고 있었어요. 암? 막내인데 내가? 생협 조합원인데? 좋은 거 먹겠다고 가입했는데? 믿기지 않았죠. 정말.

그래서 의사가 암이라고 말해 주는데도 실감이 나지 않았어요. 그냥 덤덤했어요. 아무튼 의사는 큰 병원에 가라고 하면서 소견서를 써 주더라구요. 남편한테 전화해서 의사의 말을 전했어요. 남편한테 얘기를 들은 시누이는 아는 사람이 아산병원에 의사로 있다면서 진료를 잡아줬어요. 그렇게 아산병원 진료가 일주일 후로, 정말 빠르게 잡혔어요. 처음에는 수술을 예상했으니까 내분비 외과로 진료 접수를 했어요.

그런데 아산병원 진료까지 일주일의 시간이 있었잖아요. 그때 주변 사람들 여기 저기에 내가 갑상선암이란다고 얘기했는데, 돌아오는 반응이 둘로 갈리더라고요. 수술하라고 하는 쪽, 하지 말라고 하는 쪽. 우리 시누이는 "내 몸에 암세포가 있다고 생각하면 그게 더 불안하지 않겠어? 그냥 아예 없애고 맘 편히 사는 게 낫지"라고 조언했어요. 그런데 또 다른 사람 중에는, "내가 뭘 모르고 수술했지 지금 알았다면 나 수술 안 했을 거야. 가능한 안 할 수 있으면 안 하면 좋다는 게 내 생각이야"라는 사람도 있었어요. 수술을 말리는 사람들이 조금 더 많더라고요. 그런데 희한하게도 제 마음은 수술하지 말라는 사람들의 의견에 조금 더 기울어지더라구요. '수술이 진짜 맞을까?' 고민하면서, 막 이것저것 관련된 자료들을 찾아봤어요.

진료받으러 간 첫날 아산병원 내분비외과 의사 선생님에게 수술 안 할 수 있는 방법이 있으면 하지 않으면 좋겠다고 제 생각을 말했어요. 그랬더니 크기가 다행히 1cm 미만인데, 옛날에는 무조건 다 수술했지만, 지금은 조금 바뀌었다면서, 한 6개월 정도 지켜보다가 수술해도 크게 무리는 없어 보인다고 말씀해주시더라고요. 그래서 내분비 내과로 바꿔서 진료를 다시 받았고, 내과에서도 6개월 두고 보는 거 괜찮다고 해줘서, 일단 6개월은 수술을 미룰 수 있었어요.

그때 마침 자연드림유기농치유연구재단에서 제 소식을 들었는지 연락이 왔어요. 혈압이나 당뇨나 이런 만성 질환들의 치유를 해왔는데, 암 치유도 시작해보자 하던 차였다면서, 아이쿱이 암집중케어를 계획하고 있으니 일종의 파일럿으로 함께 해보자고 하시더라고요.

그런데 그때 제가 구례섬지아이쿱생협 이사장이어서 일주일이라는 시간을 빼는 게 쉽지 않았어요. 그래도 어떻게든 한번 해보자 하는 마음이 커서 주위에 다 말했어요. 내가 아프다고. 그러면서 일주일이라는 시간을 뺐어요.

그렇게 2020년 5월에 1주일을 괴산에 들어와서 집중 치유했어요. 그때는 자연드림유기농치유연구재단의 암케어가 완전 초기였죠. 매니저가 한 명 붙어서 저를 관리해주었는데, 아침저녁으로 냉온욕하고, 약채소랑 낫또 먹고, 클린BV[29], 클린L&K[30] 같은 건강 주스 마시고, 맨날 숲으로 산으로 걸어 다니고 했어요. 밤 10시부터는 잠자리에 들도록 수면 관리도 받았죠. 암세포의 먹이를 포도당으로 이해했기 때문에 암세포의 성장을 우선은 억제해보자 해서 탄수화물을 완전히 배제하려고 밥을 안 먹었어요. 그런데 사실 밥을 완전히 끊는 건 좀 충격이었어요.

'얼마나 해야 할까?' '한 달이면 될까?' '나는 암 중에서도 크기가 1센티미터도 안되는 어린 암이니까 한 달이면 되겠지', 그렇게 생각을 하니까 할 수 있을 것 같더라고요. '한 달 정도 열심히 하고 나에게 상을 주자' 한 달 후에 하루 정도는 풀어주는 시간을 갖겠다고 생각하면서 한 달을 실천했죠. 근데 한 달 지나고 나니까 그동안 악착같이 한 노력이 아까워서 탄수화물인 밥을 못 먹겠더라고요.

그렇게 해서 두 달, 석 달, 넉 달, 다섯 달을 탄수화물을 끊었어요. 그게 가능했던 건 제가 체력이 되니까 버틸 수 있었던 것 같아요. 겉으로 볼 때는 진짜 아픈 사람처럼 마르고, 피부는 핏기 하나 없이 노랗고, 그랬죠. 우리 애들이 "엄마, 진짜 황인종이다, 진짜 노랗다." 막 그렇게 얘기를 했어요. 주변에서는 조금 불안해했는데, 저는 별로 불안하지 않았어요. 왜냐하면, 갑상선암과 관련된 거라면 유튜브면 유튜브, 인터넷 카페면 카페, 그리고 책까지, 가입하고 이야기 들어보고, 사보고, 주변 사람한테도 얘기 많이 듣고 해봤는데, 어쨌든 수술을 하지 않고 암을 낫게 하는 방법은 이 방법밖에 없겠다는 결론에 도달했기 때문에 제가 받아들였던 거거든요. 탄수화물 제한하고 운동하고 잠 잘 자고 하는 것들. 자연드림유기농치유연구재단에서 짜주는 프로그램이 새로운 건 아니었으니까.

수술 안 하고 암을 낫게 할 방법은 이것밖에 없다는 공감

절 운동 같은 것도 하라 했는데 절 운동은 내가 잘하지 못했어요.

아무튼 장청소 등 이런 것들이 전부 다 대체의학이나 통합의학에서 암을 치료하는 방법이더라고요. 수술을 하지 않고 할 수 있는, 암을 낫게 할 수 있는 방법이 이거밖에 없다는 그것에 공감하고 있었어요.

그리고 또 한 가지 제가 치유 프로그램을 완전하게 믿으면서 따라가게 한 힘이 있었는데, 2018년도에 제가 구례생협 이사장이 되고 나서 2019년도에 아이쿱생협힐링연합회 이사로 들어갔는데, 그때가 아이쿱이 앞으로 방향성을 치유와 힐링으로 전환하는 게 맞다고 할 때였고, 그 이야기가 나올 때 제가 크게 공감했다는 것을 꼽을 수 있어요. 그 당시는 제가 암을 진단받지 않았을 당시인데도 전체적인 사업의 흐름과 방향이 이쪽으로 가는 거에 아주 많이 동의가 됐어요. 이 방향으로 가는 건 정말 잘한 것 같다. 앞으로 이렇게 가야 할 것 같다는 거에 너무 동의가 됐었어요. 아이쿱은 진짜 더디 가든 돌아가든 어찌 됐든 말하면 그 방향으로 가긴 가잖아요.

조직이 가는 방향에 동의가 된 상태였고, 나의 암이 전이 위험이 있다거나 크기가 커서 지금 당장 수술하지 않으면 안 되는 상태도 아니었고, 그래서 실험 정신으로 도전해볼 수 있었던 것 같아요. 그래서 매니저가 시키는 대로 진짜 했어요. 괴산에서 1주일을 머물고 집으로 가서도 특히 식이하고 걷기운동은 거의 완벽하게 실천했어요. 5개월을. 매주 1박으로 한 번씩 괴산에 와서 한의 치료로 약침을 맞았어요.

매주 괴산에서 치료를 받고 나면 초음파로 암의 크기를 쟀는데, 두 달쯤 지났을 때였을 거예요. 전문 초음파사가 오신다길래 암이 얼마나 줄었다고 말하려나 궁금했죠. 그런데 똑같은 거예요. 크기가 전혀 안 준 거예요. 나는 죽을 것같이 힘들었지만 열심히 실천하고, 매주 괴산에 힘들게 운전해 가지고 와서 치료하고 했는데 조금도 변화가 없는 걸 보니까, '아이고 나 두 달 동안 미친 짓 했네' 싶더라고요. 그러면서 그동안 했던 나의 수고와 노력이 허사가 된 것 같은, 물거품이 된 것 같은 생각에, 그때는 진짜 눈물이 나더라고요.

그때가 제일 큰 슬럼프였던 것 같아요. 제가 매니저에게 말했죠. 초음파를 재는 건 재더라도 나한테는 말해 주지 마라, 나는 묵묵히 그냥 지금까지 하던 대로 할 테니까 나한테 말해 주지 말라고 그랬어요. 종양 크기를 알려주는 숫자에 내 마음이 오락가락, 왔다 갔다 하는 게 너무 싫더라고요. 진짜 그때도 방향에 동의가 됐고 이 방법밖에 없다는 것에 동의가 되어서 하는 거니까 그냥 나는 이대로 실천하겠다, 처음에 잡아놨던 6개월이 끝날 때까지 말해 주지 말라고 했던 거죠.

그랬는데 한 3개월 지났을 때, 초음파 자료에서 모양이 이전과 좀 달라졌다고, 구형태로 명확했던 경계가 깨져 보인다면서, 조직 검사 한번 해보자고 매니저와 함께 추천받은 서울의 한 병원에 갔죠.

그런데 거기서 초음파를 보더니, 림프에 전이가 된 것 같다는 거예요. 그래서 유전자 검사까지 했어요. 전이된 것 같다는 의사의 말을 듣고 괴산으로 돌아오는데 차 안에서 오만 생각이 다 들더라고요. 그동안 우리가 했던 치료 방법이 잘못된 건가 싶기도 하고요. 매니저나 나나 전이에 대해서도 그 어떤 것도 입 밖으로 내서 말하는 게 되게 조심스럽고 힘들었죠.

암 치유 프로그램 석 달 실천 후 암이 사라져

근데 일주일 뒤에 검사 결과가 나왔는데, 양성으로 나온 거예요. 전이 소견이 있었지만, 유전자 검사에서 전이도 안 나왔어요.

전이도 아니고, 암도 양성인 걸로 나온 거죠. 암세포 조직이 6단계까지 나오는데, 6단계가 암일 확률 99%, 5단계가 75%, 근데 양성이면 암일 확률이 3%라고 해요. 97%는 암이 아닐 확률인 거야. 처음에 순천 병원에서 조직 검사했을 때 6단계라고 했었거든요. 바뀐 거죠.

양성이라는 결과를 들었을 때 얼떨떨했어요. 그런데 매니저가 정말 좋아했어요. "암 아니네, 아니네, 암 아니래요~~"

그때가 암 판정받고 3, 4개월 지났을 때쯤일 텐데, 3개월까지는 탄수화물 완전 제한하고 육류, 유제품, 과일, 간식 다 끊었고, 먹은 거라고는 진짜 채소, 두부, 해조류, 미역, 그리고 견과류가 전부였어요. 그러다가 3개월 지나서부터는 해조류와 생선을 조금씩 먹던 시기였던 걸로 기억해요.

암이 아니라는 진단을 받았지만, 양성인 종양은 여전히 있는 거잖아요. 그래서 탄수화물 제한을 계속했던 거죠. 제 몸속에서 아예 흔적까지도 없애버리고 싶었거든요. 내가 열심히 하면 없앨 수 있을 거라는 자신감도 생겼던 것 같아요.

6개월 지난 이후로는 빵이나 고기도 먹는데, 채소는 70% 못해도 50% 이상은 먹으려고 노력하고 있어요. 균형식이라고 하죠. 그리고 지금은 규칙적인 수면을 위해 노력하고 있어요.

내가 왜 암에 걸렸을까, 나의 생활을 돌아보는 시간

내가 왜 암에 걸렸을까를 많이 생각해봤거든요. 나의 사회생활, 일상생활을 되돌아보는 시간을 가졌죠. 여러 가지 문제가 있었겠지만, 잠이 안 좋았던 게 가장 큰 문제가 아니었나 싶어요. 어릴 때부터의 습관이긴 하지만, 특히 생협 활동하면서 유일한 나의 시간이 아이들 잠자는 밤이라는 생각에, 그때 일을 밤에 많이 했어요. 밤을 꼴딱 새우는 날도 있고 새벽 2시, 3시에 자는 날도 되게 많았고, 그러면서 수면이 부족했고, 생활이 불규칙했죠. 그런 게 누적이 돼서 몸이 이상해지고 있다는 신호를 갑상선을 통해서 보내온 게 아닌가 싶더라고요.

암으로부터 치유하고 나서 바뀐 것 중 하나는, 제 몸이 보내는 신호를 예민하게 알아채게 되었다는 겁니다. 내 몸에 대한 감수성이 높아진 거를 꼽을 수 있어요. 물론 생활 습관이 건전해진 것은 기본이고요.

#2

**#체내독소 #생활재 오염 #체내독소 배출
#라이프케어 #암 재발방지**

"비록 협동조합이 처음 시작할 때 그들이 선택한 시장에서 예외 없이 선구자였다 하더라도, 그 협동조합은 조합원들의 진화하는 욕구, 감지되는 조직 구조의 약점, 그리고 변화하는 환경에 대응하여 끊임없이 스스로를 변화시켜야 한다.

모든 협동조합이 겪는 실제 위험은 누군가 다른 사람이 혁신해주기를 바라면서 이미 해온 것들을 단지 반복하는 데서 생긴다. 유사한 협동조합이 다른 곳에서는 잘 된다고 해서 모든 새롭고 무리한 것들을 쫓아야 한다는 것은 아니다. 그 대신에 시장에서 실제로 일어나고 있는 일들을 이해할 필요가 있다. 물론 당연히 변화를 광범위하게 적용해보기 전에 면밀한 조사, 분석, 사전검사를 해야 한다. 협동조합의

지도자들은 경영진들이 조합원들에게 혜택을 줄 혁신적인 방안들을 찾아내도록 압력을 넣어야 한다."(Parnell)[31]

2010년 후반 이후로는 내 몸의 건강을 친환경농산물을 골라 먹는 것만으로는 지켜내기가 어려워졌다.

2010년대 전반까지만 해도 환경문제는 토양 오염에 집중되어 있었고, 따라서 좋은 토양에서 농약을 치지 않은 친환경 유기농산물을 신뢰할 만한 공급처에서 받아먹는 것으로 내 몸의 건강을 지키는 것이 상당 부분 가능했다.

이 시기에 아이쿱생협은 식품의 질을 높이고자 전력했다. 그래서 식품의 '속까지 진짜'인 친환경 유기식품을 만들기 위해 노력했으니, 그 결과로 화학물질 없는 압착유채유, 발암 위험물질 걱정 없는 안심 캐러멜시럽, 수입 글루텐 없는 속까지 100% 우리밀, Non-GMO 콩을 먹여 키운 축산물 등의 상품을 직접 개발하고 생산했다.

식품 생산 가공자로부터 발생 가능한 혼입 사고나 농약 사용 사고를 원천 차단할 수 있는 상품 생산 정책을 설계하고, 무엇보다 구례와 괴산에 자연드림파크를 만들어서 생산자를 '아이쿱의 물리적 공간' 내부로 끌어들이는 방식을 추진했던 것도 완벽한 친환경유기식품을 만들려는 맥락이었다.

그렇지만, 바디버든을 통해서 그리고 살충제 묻은 먹어도 된다는 정부 발표 앞에서, 아이쿱생협은 몸 안으로 들어가는 독소에만 집중하던 프레임을 전환할 필요를 직감했다.

게다가 시간이 흐르면서 환경 오염이 다층화 및 심화되었다. 토양오염에 국한되지 않고 대기 오염과 해양오염, 수질오염까지 모든 층위에서 발생했다. 지구는 점점 더 병들어 갔고, 기후위기가 나의 삶에도 직접 영향을 미치기 시작했다고 할 수 있다.

2018년 429명의 예비조합원을 포함한 조합원이 바디버든 줄이기 체험에 참여했는데, 체험 후 독소 배출을 평균 프탈레이트류 46.99%, 페놀류 60.27%했다는 결과지를 받아들었을 때, 좋은 음식과 생활용품, 생활습관이 병행되어야 몸이 치유된다는 것을 확인했다.

2019년 괴산자연드림파크에 치유센터를 완공하여 치유를 필요로 하는 조합원들에게 본격적으로 운동, 명상, 식단 등으로 짜인 전문적인 프로그램을 제공하기 시작했다. 몸에서 독소를 빼는 생활 실천을 '치유'라고 이름하면서 함께 하도록 독려했으니, 그로부터 치유를 위한 실천을 함께하는 커뮤니티를 상상하기 시작했다. 그렇게 조합원의 '라이프케어' 운동은 2020년 이후 아이쿱생협이라는 그릇에 담겼다.

아이쿱은 2017년도 연차보고서에서 "건강한 먹을거리와 식품안전은 조합원과 그 주변의 생활 속에서 안심을 실현하는 것으로 확대되어야 합니다. 지역사회에서 안심하고 믿을 수 있는 좋은 먹을거리, 사람을 존중하고 예의를 지키는 돌봄, 공감과 협업, 창의력을 기르는 새로운 교육, 적정한 주거, 차별 없이 치료받을 수 있는 의료 등이 보장되고 이웃과 함께 나눌 때, 행복한 삶의 조건을 갖추었다고 할 것입니다. 돌봄, 교육, 주거, 의료 등 다양한 생활 분야에서 대안이 만들어질 때 생활의 안심은 뿌리를 내릴 것입니다."라고 설명하고 있듯이, 식품의 안심으로부터 생활의 안심으로 확장한 것으로 정체성을 조정했다.

그동안 해오던 친환경유기농산물 공급만을 고집하지 않고, 사회의 변화와 함께 생겨나는 조합원의 새로운 필요를 해결하기 위해서 여럿이 함께 할 협동조합 운동, 새로운 협동조합 운동을 시작한 것이다.

아이쿱은 현 시기 새로운 필요로 암에 주목했다. 암을 예방하고 암에 걸렸던 사람이 다시 암이 재발하지 않도록 하는 일을 개인 차원의 문제로 이해하기 보다는 사회적 문제로 인식했다. 국가에서 집계한 통계에 의하면 국민이 살다가 암에 걸릴 확률이 40%에 육박하고 전이암의 경우 평균 생존율이 30%도 되지 않는다. 현재 암 치료는 수술과 방사선, 화학요법으로 이루어지는데, 암 치료 과정은 매우 고통스럽고 치료가 된다고 하더라도 암 재발을 두려워하면서 평생 살아가게 된다.

　암의 원인 대부분은 먹는 행위와 관련이 깊다. 암의 원인은 환경요인이 90~95%를 차지하며, 이 중에서 음식(30~35%), 비만(10~25%), 음주(5~8%)를 합하면 45~68%에 이른다. 이러한 조사 결과는 식생활을 변화시킴으로써 암의 발생을 예방할 가능성을 보여주는 것이다.

　라이프케어운동은 암을 예방하는 채식 위주의 건강한 생활 습관을 통해 나와 지구 환경까지 건강하게 지키는 새로운 생활 문화를 만드는 운동이다. 라이프케어운동에 참여하는 회원은 매월 회비를 납부하고 암 예방, 암 재발방지를 위한 생활 관리 서비스를 받는다. 암을 예방하는 생활로 바꿨음에도 암이 생기면 공동치유기금을 통해 치료와 생활을 보장한다. 따라서 라이프케어운동은 암 예방이라는 공동의 목적을 가진 사람들의 비영리 상호부조 생활운동이자 사업이라 할 수 있다.

#3
#협동조합, 이대로도 괜찮은 건가? _신성식의 구술

저는 지금의 전 세계 협동조합 운동에 문제가 있는 것 같아요. 뭐냐 하면, 왜 조직(틀과 형식)만을 이야기하고 있지? 사회적경제 역시 일종의 카테고리 개념이고, 협동조합은 노동조합처럼 조직 형태를 일컫는 개념이잖아요. 70년~80년대에 노동조합은 노동자의 권익을 위해, 공정한 사회를 위한 싸우는 조직 이미지였는데, 이제는 대기업 직원들의 조직 같은 이미지로 바뀐 것처럼, 협동조합이 일반 유통회사와 하는 일이 무엇이 다른지를 보여주지 못하면서 조직 형태로서의 '협동조합'을 운동이라고 표현하는 게 맞나 싶은 거예요. 어떻게 조직이 운동이 될 수 있지? 조직이 담고 있는 내용이 운동이 되어야 하는데, 그 내용은 사라지고 조직이 운동인 그것처럼 얘기하고 있거든요.

그러니까 협동조합 조직이라는 것이 뭔가를 하려는 것, 뭔가 새로운 변화 즉 운동을 담으려고 만든 건데, 현대 사회에서 협동조합이 뭘 담고 있는지, 뭘 이야기하려는 건지, 뭘 변화시키려는 것인지를 이야기하지 않고 있습니다. 그러니까 젊은 세대가 협동조합이라는 이야기를 들으면 영감이나 혁신적인 이미지가 아니라, 농협=농림축산식품부 산하 조직 같은 이미지가 연상되는 현실이 되었습니다. 협동조합이 무엇이냐를 정의할 때 가장 본질로는 그릇, 조직을 그릇으로 이해한다면, 거기에 뭘 담으려고 하느냐가 본질인데, 그 논의가 1870년대 이후에 사라졌다고 보고 있어요, 저는. 전 세계적으로는 로치데일 1세대가 퇴장하면서 서서히 사라지기 시작했다고 생각합니다.

1840년대 로치데일 사람들이 하려고 했던 게 도대체 뭐냐? 협동조합을 하려고 했던 건가? 내용을 봤더니 실제로는 '커뮤니티 운동'을 하려고 했던 거더라고요. 협동조합이라는 조직으로 커뮤니티 운동을 담으려고 했던 거더라고요. 협동조합이라는 조직을 만드는 거에 연연하지 않았는데 어느 날부터인가 내용은 사라지고 그릇만 남아서 여기까지 오고 있더라는 거죠. 150년 이상을 지나면서 지금은 결국 그릇만 남았더라고요. 말하자면 조선백자, 조선 청자 이런 식으로 그냥 그릇만 남아 있는 거예요. 거기에 뭘 담았는지는 사라지고. 그런데 그 그릇도 이도 좀 빠지고 그런 상태로 남았다는 게 제 생각입니다.

ICA(국제협동조합연맹)가 처음에 협동조합을 정의했을 때, 한마디로 '공동 경제활동'이라고 할 수 있습니다. 공동구매, 공동판매, 상호부조, 신용 등등 한마디로 공동 경제활동입니다. 공동 경제활동을 하기 위해서 협동조합이라는 그릇을 선택한 거죠.

공동 경제활동을 위해서 자본은 어떻게 마련하고, 출자(소유)지분과 상관없이 1인1표의 의사결정을 하고, 가격을 싸게 하면, 경쟁 유통업체가 압력을 넣어서 상품을 납품받아야 하는 거래처가 끊길 수 있으니까, 시장 가격 대로 팔고, 시장 가격대로 팔면 이익이 많이 남으니까 이를 이용한 비율대로 배당하는 이용고 배당 정책을 만들었던 거죠. 이러한 활동을 할 때 누가 어떤 일을 할 인지, 일을 하지 않은 사람은 어떻게 할 것인지 등에 대해 조합원 협력에 대한 규칙을 정한거죠, 공동 경제활동의 핵심은 조합원들이 같이 일을 하는 것 즉 협력입니다. 조합원이 같이 협력해서 일을 잘하기 위한 다양한 노력이 로치데일 1세대가 끝나고 나면서, 조합원은 단순한 소비자가 되면서 협동조합 제품이 얼마나 저렴한지, 더 편리한지에 대해서만 관심을 갖는 행동이 주류가 되기 시작합니다.

초기에는 조합원들이 나누어서 하던 일들이 고용된 직원이 대신하기 시작했습니다. 제2차 세계 대전이 끝나고 나서는, 본격적인 대량생산 사회가 되면서 유통 업체간 경쟁이 치열해지는 사회가 되면서 협동조합의 본질인 '상호부조 – 유대관계'의 초기 모습은 완전히 사라져 버렸다고 생각합니다.

이렇게 공동 경제활동을 위한 협력은 사라지고, 일반적인 공동 구매 –유통–사업만 남아버린 거죠. 내용은 사라지고 그 형식인 협동조합만 남은 거죠.

저는 ICA의 협동조합 개념 규정 자체도 로치데일 시대와 견줘보면 변질됐다라고 봐요. 자기네 현실에 맞춰서, 현재의 협동조합들의 모습에 꿰어 맞춰서 협동조합 정의를 바꿔버린 거 아닌가? 자기네 그릇에 맞춰서…. 공동 소유 사업체 이야기 이외에는 아무것도 없어요. 공동 소유 사업체 이외에 뭐가 있는지 묻고 싶어요.

공동 소유가 공동 경제활동의 한 부분인 것 맞습니다만 소유 문제는 아주 작은 비중을 차지합니다. 소유가 곧 부가가치를 만들지 못하기 때문입니다. 경제에서 소유가 부가가치–이윤 같은 이익을 만든다고 보는 건 전형적인 불로소득을 인정하는 생각입니다. 부가가치 같은 이익을 만드는 건 경제활동입니다. 마찬가지로 공동 경제활동이 없는 상태에서 공동 소유로 부가가치를 만들려고 하는 건 불로소득을 얻으려는 행위에 불과합니다. 현재 협동조합 현실에서 보면 공동 소유 사업체 자체로도 제대로 작동하지 않고 있습니다. 그 누구의 소유도 아닌 것처럼 작동하는데, 그 이유는 조합원의 소유 규모가 너무 작기 때문입니다. 너무 작은 소유는 소유라기 보다는 보증금 같은 비용으로 인식하게 됩니다. 그래서 공동 소유란 형식적으로 법적인 소유를 하고 있지만, 실제는 소유자로서 행동이 거의 없는 조직이 된 것이죠.

예를 들어 농협을 보면 농협이 농민들이 공동으로 소유하는 형식이지만, 아무도 소유자로서의 행동을 하지 않아요. 하나의 사례로 2년 전에 농협에 우리밀 살리기 운동 차원에서 농협 하나로 마트에서 우리밀 빵 판매를 이벤트로 진행했었는데, 그때 만난 농협 중앙회 간부가 왜 농협이 우리 밀을 팔아야 하느냐고 되려 물었습니다. 농협의 존재 목적 자체가 사라졌다는 걸 보여주더라고요. 농협 직원들이 농민 대표자에 의해 통제되지 않고, 공무원처럼 일하는 조직이 되었다는 것을 보여줍니다. 그런데 농협의 공동 소유자인 농민들이 농협 직원의 관료주의 행태에 대해 전혀 반응하지 않고 있다는 겁니다. 일종의 포기 상태인 거죠.

제 생각에 이건 소유를 하는 게 아니라, 걸치고 있는 겁니다. 소유라는 형식을 그냥 흉내를 내는 거지 실제로 소유하고 있지 않습니다. 소유하고 있으면 지켜야 하거든요. 지키는 자가 아무도 없다니까요.

그래서 이게 협동조합 운동이 맞나? 라는 생각으로 연결되는 거죠. 그러니까 지금 전 세계 협동조합인이 10억 명이라고 하는데, 이 10

억 명 중에 협동조합을 지키려고 하는 사람, 같이 협력해서 일하는 조합원이 도대체 몇 명이나 될까요? 내 생각에는 십 분의 일도 안 될 거 같거든요.

조건만 맞으면 다 털고 나갈 사람들이 대부분이고, 지킬 사람은, 심하게는, 1%도 안 될 것 같아요, 제가 보기에는. 개념 철학적으로 보면 협동조합에 대한 사망 선고입니다.

저는 현시대에 라이프케어운동이 시대정신을 담고 있고, 꼭 필요하다고 봅니다. 이 라이프케어운동을 어느 그릇에다 담을 것인가? 그 적절한 그릇으로 역시 협동조합이 괜찮겠다고 생각을 합니다. 근데 넓은 의미에서 협동조합이지 정확히 짚자면 지금의 협동조합을 일컫는 그런 그릇은 좀 아닌 것 같다는 생각이 자꾸 들어요. 저는 현재 제도에서 라이프케어운동을 담을 그릇에 가장 근접한 형식은 의료사협이라고 생각합니다. 의료사협을 하면 돌봄, 의료, 식품을 다 할 수 있습니다. 그런데 제도적으로 완벽하지는 않습니다. 예를 들어 그 주무 부서인 보건 복지부가 상호부조를 못하게 합니다. 상호부조를 못하게 하면 협동조합의 핵심인 유대관계를 형성하는 활동을 제도적으로 하기 어렵습니다. 앞으로 제도를 개선해서 의료 사협이 돌봄, 의료, 식품, 상호부조, 공제 그리고 교통, 여행, 주택 등 돌봄에 필요한 모든 일을 할 수 있게 바뀌어야 한다고 봅니다.

자연드림유기농치유연구재단은 형식적으로는 협동조합은 아니지만, 원리적으로는 협동조합처럼 작동하잖아요.

조직이 작동하는 방식들을 예로 들어 보자면, 사람들이 새마을금고는 협동조합이 아니라고 생각하지만, 제도적으로 내용적으로 신협하고 다르지 않고 같게 작동합니다. 그런데도 사람들은 새마을금고는 협동조합 운동이 아닌 것처럼 협동조합이 아닌 것처럼 분류하곤 하더라고요. 내용은 똑같은데요. 뭐가 다르다는 겁니까.

저는 이런 것들도 협동조합의 내용이 사라지고 나면서, 원래 하려고 했던 것들이 사라지고 나서 나타나는 하나의 현상이라고 생각합니다.

한살림의 박재일 회장이 정확하게 짚어내셨다고 봅니다. 본인은 한살림 운동을 하려고 했던 거고, 그래서 처음에 한살림 농산이라는 회사를 만들잖아요. 개인 회사 비슷한 건데 잘 안 되었고, 그러던 중에 일본에 가서 일본 생협을 견학하고 나서 한살림 운동을 생협이라는 조직에 담았던 거거든요. 협동조합은 조직, 틀인 거죠.

그런 예는 주변에 정말 많아요. 노동조합도 보면 내용이 사라져 버렸잖아요. 힘을 합해서 자신들의 생활 조건을 개선하고, 아니면 사회를 보다 좋게 바꾸고 하는 것, 이거였잖아요. 그것을 위해서 노동조합이라는 조직을 만든 건데, 이제는 조직만 남아 있는 것처럼 보인다니까요. 우리도 이제 더 이상 조직 얘기만 하는 것에서 벗어나서 다시 본질적인 운동 얘기를 시작해야 합니다. 기존에 소위 조직으로서의 협동조합, 껍데기로서의 협동조합하고 이제 작별하는 게 필요하고, 우리는 그 과정에 있는 거지요.

라이프케어운동

1980년 레이들로 박사는 21세기 협동조합의 과제로 지속가능한 사회에 기여하는 협동조합을 제시했고, 구체적으로는 소비자가 혹시 갖고 있을 과소비 욕망이나 나쁜 생활 습관을 버리게 도와주는 일도 포함하고 있습니다. 아이쿱생협의 라이프케어운동을 레이들로가 제안하는 21세기 생협의 과제라는 측면에서 설명해볼 수도 있을 겁니다.

라이프케어운동을 조금 구체적으로 말해볼게요. 라이프케어의 가성비를 우리는 평균 150%로 잡습니다. 예를 들어서 한 달에 회비를 20만 원 내도록 하고, 실천을 평균적으로 하는 사람들의 경우 30만 원 정도의 이용하도록 혜택을 주는 방식입니다.

산업혁명 이후에 전 세계 경제는 부가가치를 거의 생산의 영역에서 만들어냈잖아요. 그러니까 뭐냐 하면 더 많은 생산, 즉 더 많은 이익(부가가치)을 위해서 더 많이 생산하는 쪽으로 갔던 건데, 생각을 전환하면 생산만이 아니라 소비를 통해서도 더 많은 이익(이윤)을 만들어낼 수 있다는 것을 의미하거든요.

이러한 전환은 현 자본주의 시스템의 문제랄 수 있는 대량생산의 고리를 어느 정도 끊을 수 있다는 점에서도 가치가 있다는 겁니다. 그러니까 생명을 영위해가는 과정에서 자본주의가 산업혁명 이후에 보여준 게 계속 그거였잖아요. 엄청난 부가가치를 만들어내는 것인데. 생산만이 아니라 판매소비 방식을 재조직해서 또 다른 이익을 얻는 것이 가능할 수 있겠다 싶은 거죠.

그러니까 내가 2천 5백만 원 소득자인데, 5천만 원 소득을 버는 수준으로 생활하고 싶다고 가정해봅시다. 우리가 이제껏 자본주의 시스템에서 배운 방법은 내 소득을 계속 올리는 것밖에 없었잖아요. 그래서 소득을 높이기 위해서 죽기 살기로 일했던 건데, 2천 5백만 원 소득 있는 사람한테 5천만 원의 삶에서만 누릴 수 있는 서비스들이 제공된다면, 내가 굳이 죽기 살기로 일해서 5천만 원의 소득을 높이기 위해서 일할 필요가 없지 않겠냐는 거죠. 이를 단순화하면 5천만 원의 대량 생산을 하지 않아도 되는 사회를 만들 수 있겠다는 생각으로 연결됩니다. 라이프케어운동으로 그것을 해볼 수도 있겠다는 생각이 들더라고요.

공동자산, 정확히는 커뮤니티 자산 방식으로. 우선, 여기 자연드림 파크에서 미장원이라든가 세신이라든가 이런 것들을 통해서 지금 그런 실험들을 조금씩 해보고 있어요. 밖에다가는 아직 그 실험을 하고 있다는 것을 알리지 않아서, 잘 몰라요.

그러니까 이게 여기 보면 우리가 보통 세신(때밀이)이라고 그러잖아요. 근데 세신 보통 비용은 대략 2만 원, 1시간 림프 마사지를 하면 6만 원 정도이고 헤어 펌(파마)은 20만원 수준인데 소득 2천 5백만 원인 사람은 이런 서비스를 선뜻 쉽게 이용하지 못합니다. 근데 이 소득 2천 5백만 원인 사람도 적은 비용으로 할 수 있는지, 만족도가 어떨지, 운영상의 문제가 뭐가 있을지 등을 테스트하는 겁니다. 이 실험이 성공하면 이를 확장해서 식료품만이 아니라 해외 리조트 휴양과 공유교통, 실버케어와 의료, 주택과 자녀교육 등 삶의 모든 분야로 그 영역을 확대하는 것이 가능해질 겁니다. 저는 이를 '커뮤니티 협동조합 운동'이라고 부르는 겁니다.

이는 협동조합에서 사용했던 공동구매 방식이 아닙니다. 공동구매도 결국 구매이고 거래입니다. 공동구매는 규모의 효과에서 이점이 발생합니다. 그래서 공동구매에서도 소득 6천만 원인 사람이 더 이익을 볼 수 있습니다. 소득 3천만 원인 사람이 더 이익을 누릴 수 있으려면 거래관계가 아닌 유대관계를 통해 가능합니다. 전통적인 협동조합 방식으로는 가능하지 않습니다. 이게 가능하려면 공동자산이 있어야 하고, 그 자산 혜택이 뒷받침되어야 합니다.

    예를 들어 공동자산으로 해외 리조트를 소유하고 있다면, 마을 주민은 그 해외 리조트를 아주 좋은 조건에서 이용할 수 있습니다. 지금까지 이런 자산을 회사가 소유하면 주주가 소유자고 그 자산의 이용은 소유 비율에 따라 결정됩니다. 이런 소유와 이용의 불평등을 해소해보자고 협동조합은 공동 소유 = 균등 이용 방식으로 운영되어 왔습니다. 소유에 따른 이용이나 균등 이용 방식으로는 소득 3천만 원인 사람이 소득 5천만 원인 사람만큼 이용할 수 없습니다. 이렇게 되면 소득 5천만 원인 사람이 자신도 소득 1억 이상의 사람처럼 누릴수 있게 해줘야 공평하다고 주장할 겁니다. 그래서 이 자산 혜택을 누리려면 조건이 있어요. 그냥 사회적 약자에게 시혜적으로 혜택을 주는 방식이 아니라, 공익 활동에 열심히 참여하고 활동하는 사람에게 더 큰 혜택이 돌아가는 방식이 원칙이 되어야 합니다. 이 참여와 활동은 경제활동만이 아니라 비경제적 활동까지 포함합니다. 이웃의 아이와 노인을 돌봐주고, 사회를 건강하게 하는 시민운동을 하고, 기후 위기를 막기 위한 환경 운동까지 포함합니다. 이런 참여와 활동을 통해서 사회 비용이 줄어들게 되고, 이 줄어든 비용 일부를 참여와 활동을 성실하게 한 사람에게 돌려주는 원리입니다. 이 참여와 활동을 계량화해서 화폐처럼 작동하게 해서도 안 됩니다. 비경제적 사회 활동의 가치를 계량화하려는 일 자체가 어렵고, 상대적이기 때문입니다. 그래서 이 공동자산의 이용(소비)은 언뜻 보면 공평하지 않습니다. 마을 공동 우물을 마실 때 목마른 사람이 더 마시는 걸 뭐라 하지 않습니다. 갈증이 해소되면 물을 더 마시라고 해도 마시지 않습니다. 마찬가지로 자산의 이용(소비)을 화폐(다양한 종류)로 구입하는 방식보다는 개인의 필요를 기초로 작동되는 것이 좋습니다. 그래야 공동자산에 대해 소유의식도 생기고 무임승차 경향도 줄일 수 있습니다. 공동자산에 대해 소유의식이 생기고 무임승차가 줄어들어야만 공동자산이 무너지지 않고 성장할 수 있습니다. 공동자산이 성장하면 개인별 필요와 소비가 충족될 수 있습니다. 이렇게 '공동자산'이 성장할 수록 '개인 자산'을 벌기 위한 에너지 사용을 줄일 수 있을 겁니다. 이를 위해서 공동자산으로 회사를 소유하고 운영하는 일도 하게 될 겁니다. 이렇게 공동자산을 소유하고 운영하는 곳을 커뮤니티(마을) 협동조합이라 할 수 있습니다.

참여와 활동을 열심히 해야 한다는 게 딴 게 아니고, 돈을 벌어오라는 것도 아니고, 기본은 자기 몸의 체수분 올리기입니다. 라이프케어 운동에서. 그거 잘하라는 거에요. 그다음에 플라스틱 안 쓰기, 그런 거, 그저 잘 실천하라는 거예요. 좋은 생활 습관으로 몸의 건강을 유지하라는 거죠. 그렇게 한 사람들이 저렴한 비용으로 림프 마사지, 헤어 펌을 이용할 수 있습니다. 이렇게 하면 다른 방식으로 이용(소비)하는 것이 가능해질 겁니다.

그래서 우리 라이프케어운동에, 쿨링, 힐링 인센티브 제도가 있습니다. 힐링 인센티브는 내 몸을 위해서 열심히 했을 때 주는 거로, 예를 들면 몸의 체수분 올리고, 운동도 열심히 한 사람한테 주는 방식이고, 쿨링 인센티브는 환경, 사회를 위해서 활동한 사람들한테 주는 방식이고요. 내가 내 건강을 위해 좋은 생활 습관을 실천하고, 사회 공익 활동을 통해서 더 받을 수 있는데, 경제 활동을 통해 얻는 이익과 같습니다.

헤어, 림프 마사지 등 소비 사례를 하나의 예를 들었지만, 이를 통해 우선 적은 비용으로 고급 서비스 이용이 가능하다면, 그 차액만큼 소득을 높이기 위해 안간힘을 써야 하는 스트레스와 시간 사용을 줄일 수 있고, 생산과 판매를 덜 해도 되므로 기후환경에도 도움이 됩니다. 두 번째로 좋은 생활 습관이 만들어지면서 개인의 건강도 좋아지면서 삶의 만족도가 높아지고 의료 비용이 줄어들면서 지속 가능한 사회의 흐름을 만들 수 있습니다. 현재 2022년 의료보험 지출이 1년에 80조 원을 넘어섰고, 2030년에는 160조 원에 도달할 것이라고 국회 예산처가 예측하고 있습니다. 국가 의료보험 지출이 정부 예산의 20%가 넘어서면 국민 건강 측면에서 사회적으로 문제가 되고 국가의 재정도 악화됩니다. 한마디로 국가가 중증 만성 질환에 걸린 가난한 사람과 같아집니다.

그래서 좋은 생활 습관을 갖는 것은 개인적으로 건강한 삶으로 회복하는 것이고, 사회적으로는 지속가능한 사회 문화가 만들어지는 일로 연결될 것입니다. 이러한 활동을 담을 수 있고, 활동이 더 잘되도록 하는 조직-그릇은 딱히 정해져 있지 않습니다. 조직-그릇은 활동에 따라서 계속 변해야 합니다. 그런데 우리는 협동조합이라는 조직을 너무 고정적인 것으로 생각해 온 것 같습니다.

icoop

coop

4

구례실험

#1
#오래된 상상 #미래에서 온 이야기

때는 2026년. 구례에 사는 정화씨의 이야기다.

71세 정화 씨 50년 전 구례로 시집오다

내 나이 올해로 일흔 한살이예요. 20살에 구례로 시집와서 평생을 농사지으면서 살았지요. 내가 태어난 곳은 여기서 그리 멀리 떨어지지 않은 전남 화순인데, 아버지는 농부셨어요. 제가 이래 봬도 고졸이랍니다. 부모님이 경제적으로 꽤 여유가 있었고, 자식이라고는 내 위로 오빠, 그리고 나밖에 없으니, 단출했죠. 그래서 그랬는지 어쨌는지, 광주에 사는 큰이모 댁에 나를 맡겨 고등학교 공부를 시켜주셨어요. 우리 마을 친구들, 그러니까, 여자애들 대부분은 중학교 졸업하면 그걸로 학교 다니는 일은 끝이었거든요, 그때만 해도. 집안 살림을 도맡아 하면서 틈틈이 농사일을 도와야 했고, 혼처가 생기면 곧바로 시집을 갔어요. 그러니까 도시에서 고등학교 다닐 때까지만 해도 내 인생은 도시 여성의 탄탄대로를 밟을 것이라고 자신했지요.

그런데 하늘 높은 줄 모르고 치솟던 콧대가 와장창 꺾이는 일이 벌어졌는데, 고등학교 졸업반 때 한 남자를 만난 거죠. 방과 후에 친구들하고 어울려서 영화 보러 극장에 갔는데, 거기에서 친구 영심이의 사촌오빠를 우연히 만난 거예요. 그 오빠도 자기 친구들 세 명하고 같이 왔더라고요. 영화를 보고 나서 영심이 오빠 친구들이랑 우리 모두 다 같이 빵집으로 갔어요. 청춘남녀가 얼굴을 마주 보니 어색하기도 하고 신기하기도 했어요. 지금 생각해보면 유치하기 그지없고 재미도 별로 없는 이야기를 누구랄 것도 없이 주거니 받거니 하면서 낄낄거렸던 것 같아요.

그러는 중에 한 남자가 유독 눈에 들어왔어요. 고향이 구례라고 하더라고요. 숙부의 장사를 돕는 일을 하면서 광주에 살고 있다고 했어요. 나이는 나보다 다섯 살이 많았는데, 어찌어찌 그 남자랑 사귀게 되었어요. 데이트는 주로 빵집에서 했고, 가끔은 영화도 보고, 길을 걸어가면서 시간을 보내곤 했지요. 그 남자는 가끔가다 자신의 적성이 장사가 아닌 것 같다고 말할 때가 있었는데, 일이 힘들어서 투정 부리는구나 하고 나는 대수롭지 않게 생각했어요. 도시에서 계속 장사를 하면서 살 거라고, 그 사람이 그렇게 말한 적은 없는데 나는 그렇게 철석같이 믿었어요. 어떨 때는 장사를 때려치우고 농사를 지으면서 살고 싶다고 장광설을 늘어놓을 때도 있었지만, 그러다 말겠지 했어요. 그렇게 오빠 오빠 하면서 1년쯤 연애를 하던 쯤이었을꺼예요. 그때 나는 고등학교를 졸업하고 광주에서 취직자리를 알아보고 있었는데, 갑자기 그 남자가 청혼하는 거예요. 그러면서 구례로 가서 살자 하더라고요. 부모님이 떼어 줄 땅이 있어서 땅 걱정 안 해도 된다고, 그리고 농사일은 안 해도 된다면서, 내 손에는 흙 안 묻히게 해주겠다고, 자기가 다할 테니 걱정하지 말라는 거예요. 그 말에 속아서 결혼했어요.

그런데 웬걸요. 남편이 농사지으면서 일손이 부족하다고 동동거리면 어떻게 못 본척합니까. 일손이 부족하면 거들어야 했고, 그렇게 하다가 어느 날 보니까 나는 완전히 농부가 되어 있더라고요. 2년 터울로 아이 셋을 낳았는데, 3남매를 먹이고 공부시켜야 하니까, 나로 말할 것 같으면 도시에서 공부했던 여자야 하면서, 우아하게 살 수가 없더라니까요. 남편과 함께 밤낮없이 농사일을 했어요. 그 덕에 아이들은 탈 없이 장성했고, 도시로 나가, 도시에서 터를 잡았어요. 아이들을 모두 도시로 보냈으니 자식 농사 성공했다고 주위에서 부러워했어요. 저도 뿌듯했지요. 그렇지만 막내인 딸 아이까지 떠나보내고 남편과 둘이 남으니까 집이 왜 그리도 휑한지…. 다섯이 살던 그 집에 딸랑 둘이 남았으니 휑한 게 당연하지만요.

아무튼 그때부터는 우리 노인네 둘만 살았고, 사는 게 좀 시들해졌던 것 같아요. 목표가 없으니 의욕도 없고. 아이들 결혼시키느라 필요했던 큰돈은 갖고 있던 논밭을 팔아서 조달했는데, 다 결혼시키고 나니까 수중에는 단 몇 마지기 남더라고요. 다섯 살 연상인 남편이 칠십을 넘기면서는 일하기 힘들어 하더라고요. 벅차해서 땅도 처분해 버렸어요. 아무 일도 하지 않는 건 좀 아닌 것 같아서 집 앞 텃밭에서 직접 먹을 고추랑 호박이랑 깻잎 정도를 키우면서 시간을, 세월을 보냈지요.

우리 아이들은, 동네의 이웃집들도 비슷하지만, 명절과 부모의 생일에만 고향 구례를 찾아와요. 10년쯤 전이던가…. 아마 그쯤일 텐데, 명절에 아들 며느리가 다니러 왔어요. 영화 보러 외출하자고 내 손목을 잡아끄는 거예요. 고향에 설 쇠러 오면 보통은 2박 3일을 머무는 내내 방구석에서 뒹굴다가 가던 아들이었는데, 뭔 일인가 싶어 마지 않는 척하면서 따라나섰지요. 고등학교 때 도시에서 영화 제법 많이 봤고 좋아했는데, 시집온 후로는 몇십 년을 영화 구경을 못 하고 살았으니, 극장에 가 보고 싶더라고요. 인접한 곡성까지 갈 줄 알았는데, 아들 말이 구례에도 극장이 있다는 거예요. 차를 타고 5분이나 지났을까, 어둑어둑한 도로 끝 저만치에 밝게 빛나는 건물들이 보였어요. 아들은 차를 세우더니 극장에 도착했다고 내리라고 했어요. 자연드림파크 극장이라면서 "엄마가 좋아할 거예요. 한국전쟁 때 월남했는데 부산에 있는 큰 시장에서 자수성가한 어떤 아저씨 이야기예요." 굉장히 인기 있는 영화라고 하더라고요. 영화제목은 <국제시장>[32]이었어요. 오랜만에 영화를 봐서 그런가 정말 좋았죠. 울다가 웃다가 하면서 재미지게 보고 나왔어요.

그 뒤에는 아들이나 딸이 고향에 올 때면, 자연드림파크에 데려가서 영화도 보여주고 영화관 옆에 있는 식당에서 밥도 사주기를 내심 바라곤 했지요.

남편을 잃고 무기력하게 살다

5년 전에 군청에서 볼 일이 있다며 나간 남편이 군청 근처 식당에서 갑자기 쓰러졌어요. 뇌출혈이었대요. 식물인간처럼 꼼짝 못 하고

방바닥 신세를 지더니만 다섯 달 만에 황망히 하늘나라로 가 버리더라고요. 두 아들도 그렇지만 특히 막내인 딸은 내가 혼자 살다가 혹여 다칠까, 병에 걸릴까 엄청나게 걱정했어요. 아마도 내가 갑작스레 죽을까 봐 겁이 났던 거겠지요. 매일 아침 전화를 걸어 안부를 물어요. 딸 애가 노심초사하는 게 전염된 건지, 남편 없이 혼자 사는 것에 적응이 안 되어서 그런지 나도 솔직히 불안했어요. 그렇지만, 시간이 모든 것을 무디게 만든다고 하지 않던가요? 세월이 흐르니까 자식들의 걱정도 점차 무뎌졌어요. 매일 오던 안부 전화는 이틀에 한 번으로, 사흘에 한 번으로 점차 뜸해졌지요.

자다가 깨어나지 못했는데 시체가 썩을 때까지 누가 발견하지 못하면 어쩌나 하는 걱정이 아예 없어진 건 아니지만, 그런 근심이 들 때면 고개를 휘휘 저어서 떨치려 했고, 그러면 괜찮아지곤 했어요. 긴 시간을 혼자 살아온 이웃집 순희 할머니의 모습이 남 일 같지 않더라고요. 일찍이 남편을 하늘로 보내고 혼자 남았지만 작은 땅뙈기에 먹을거리를 골고루 심고 거두고 먹으면서 씩씩하게 잘 산다 싶었는데, 65세를 넘기더니만 하루 종일 텔레비전 앞에 앉아서 툭하면 강냉이로 한 끼를 대신하거나 물 말은 밥으로 끼니를 때우면서 비실비실 말라갔거든요. 자주는 못 했지만 가끔씩 순희 할머니에게 먹을거리를 가져다주면서 제대로 챙겨 먹고 움직이라고 타박도 해봤어요. 그렇지만 알았다고 대답할 뿐 변하지 않더라고요. 최소한으로 움직이면서 남은 생을 하릴없이 보내는 것처럼 보였어요.

그런데 막상 내가 해보니까, 내가 남편을 여의어보니까, 나도 다를 게 없더라고요. 시간이 흐르면서 점차 무기력해졌어요. 집 앞 텃밭을 가꾸는 일도 힘에 부친다고 느껴지더라고요. 그러니 방안에서 텔레비전을 보면서 시간을 보냈고, 누구 먹을 사람도 없으니 신경 써서 밥상 차릴 일이 없다 싶으니 끼니도 대충 때웠죠. 그렇게 되더라고요. 나는 다를 줄 알았는데 말이죠. 예전에는 입이 심심할 때 간식으로 집어 먹던 강냉이를 점차 주식으로 먹는 일이 늘어갔으니, 순희 할머니와 다를 바가 없게 된 거죠.

남편과 사별하고 3년쯤 그렇게 살았던 것 같아요. 그러던 어느 날, 명절도 생일도 아닌데, 불쑥 딸애가 고향 집에 내려왔어요. 혼자 된 어머니가 늘 눈앞에 아른거렸지만, 직장생활과 육아로 시간이 없다고 핑계를 대면서, 그동안은 일 년에 두어 번밖에 못 왔는데, 손녀가 수학여행을 가는 바람에 시간을 낼 수 있었다는 거예요. 갑자기 들이닥친 딸애는 내 이부자리 앞에 놓여있는 커다란 강냉이 자루를 보자마자 "엄마! 또 식사 제대로 안하고, 강냉이만 먹은 거예요?"라며 잔소리를 시작하더라고요. "아니, 아니다. 밥 제대로 먹고 있다…. 저건 심심할 때…. 텔레비전 보면서 심심풀이로 집어 먹는 거야…." 대꾸하면서 강냉이 자루 입구를 주섬주섬 대충 묶어 방구석으로 밀어놓았지요. 그렇지만, 곁눈질로 보니까 딸은 믿지 않는 눈치였어요.

딸애는 즉시 독거노인용 CCTV를 설치한다고 기사를 부르고 야단을 떨더라고요. 설치가 끝나고 기사가 돌아가자마자, 건강한 식사를 하고 운동도 할 수 있도록 하는 프로그램이 있다면서 그 프로그램에 나를 가입시켰어요. "라이프케어운동? 그게 뭐야?" 내가 낯설어하자 딸 애는 간단하게 설명해주었어요. "엄마 가끔씩 가는 자연드림파크 있지? 거기에서 하는 거예요. 엄마는 이제부터 아이쿱의료복지사회적협동조합의 조합원이 된 거고, 엄마가 예순아홉 살이니까 매달 10만원 씩 회비를 내면 되는데, 그건 내가 낼게요." 안 내던 돈을 내야 하는 데 당연히 망설일 수 있었지만, 내 돈 나가는 것도 아니고, 딸 애가 대신 내준다기에 못이기는 척 받았어요.

어찌 되었건, 조합원이 된 이후 무기력하게 처져있던 내 삶은 조금씩 달라졌어요.

새로운 생활 습관 실천으로 살아서는 건강하게, 죽을 때는 존엄하게

거의 매일 조합의 직원이, 힐러라는 사람이 전화해서 잠은 잘 잤는지, 걷기는 어느 정도나 했는지, 어떤 식사를 했는지 물어요. 더러는 잘했다고 칭찬도 하고 더러는 요렇게 조렇게 바꿔보면 어떻겠냐고 하기도 해요. 거기에서 보내주는 식품을 보니까 유기농항암식품이라고 쓰여있습디다. 그거 보면, 뭐랄까, 좋은 거 먹는 것 같아서 뿌듯해요. 1주일에 두어 번은 자연드림파크 힐링센터로 나가서 힐러라는 사람이 지도하는 거를 따라서, 대여섯 명의 할머니 할아버지들과 함께 체조도 하고, 명상도 하고, 함께 바깥으로 나가서 같이 치유센터 뒤쪽 산속 길을 걸어 다니기도 해요. 거기 산이 좋아요. 높지도 않고 해서 우리 같은 노인네들이 걷기에도 힘들지 않아요. 체조하고 명상하고 숲길 걷고 하는 걸 혼자 하라고 하면 아마 자꾸 빼먹었을 거예요. 같이 하니까 잘하게 되는 것 같아요.

참, 거기, 치유센터에 갈 때랑 돌아올 때 차가 와서 나를 싣고 가요. 그 차는 군내에 다른 볼일이 있을 때도 쓸 수 있는데, 미리 전화해서 예약해 놓으면 돼요. 이거 정말 좋더라고요.

사람들을 만나고 같이 뭔가를 하고 말도 서로 나누고 하니까, 무기력감이 줄어드는 것 같고, 몸도 건강해지는 것 같고, 그러니까 기분도 좋아지더라고요. 순희 할머니가 나더러 밝아졌다고 하더라고요. 내 얼굴이 밝아진 이유에 대해서 궁금해하더니, 자신도 건강해지는 프로그램에 가입하고 싶다고 해서 얼른 알켜줬지요.

자식들이 다니러 오는지 안 오는지에 의해서 기분이 오르락내리락했던 내가 아닌, 내가 이끌어가는 나의 삶이라는 생각이 들기 시작해서 그 또한 좋습디다. '나는 바쁘다'라고 자식들에게 튕길 때의 그 쾌감이란, 어디에 비할 바가 없지요.

다른 사람들과 같이 움직이면서 서로의 안부를 묻고 이야기도 나누니까 어떤 소속감 같은 게 생겨서 좋고요. 내 몸을 위해서 잘 먹고, 많이 움직이고, 사람들하고 어울리고 하니까, 죽을 날만 기다리는 무의미한 삶이 아니잖아요. 더 이상은. 참, 옆집 순희 할머니도 지금은 같이 다니고 있어요. 힐링센터로 나가지 않는 날은 순희 할머니랑 둘이 같이 우리 동네 뒷산에 올라 숲길을 한참을 걸어 다니면서 꽃도 보고 나무도 만지다가 내려와요. 둘이서 밥도 자주 같이 해 먹어요. 각자가 받은 항암 당근이랑 브로콜리랑 채소들을 가져다가 데칠 것은 데치고 썰 것은 썰고 해서 보리밥에 쓱쓱 비벼 먹기도 하고요.

교회나 절에 노인들 천지잖아요. 그거 왜 그런지 알아요? 자식 잘되게 해달라고 빌려고 다니거든요. 자기 위해서 비는 사람들은 별로 없어요. 그런데 더러 자신을 위해서 비는 사람들이 있거든요. 그 사람들 대부분은 죽을 때까지 건강하게 살아서 자식에게 폐 끼치지 않고, 편안하게 죽게 해달라고 빌어요. 긴병에 효자 없다는 말이 옛날부터 왜 내려왔겠어요. 자리보전하고 누워서 명줄이 끊어질 때를 기다리는, 그런 삶, 그런 죽음, 존엄이 땅에 떨어진 그런 죽음, 내겐 벌어지지 않게 하고 싶은 거지요.

#2

**#한국의 돌봄 상황 #커뮤니티 돌봄
#농촌 노인 돌봄 모델**

    돌봄과 관련해서 한국 사회는 위기 진단을 받은 지 오래다. 원인은 가족의 약화, 국가의 지원 및 인식 부족으로 흔히 설명된다. 지방으로 가면 상황은 더욱 열악하다. 농촌지역의 고령화는 도시에 비해 심각하며, 의료 복지서비스 이용 시설 역시 열악한 상황이다.[33]

    지방, 특히 농촌 지역의 가구형태는 노부부로 구성된 2인 가구이거나 독거의 1인 가구가 주를 이루어 핵가족화, 핵개인화되어 있다. 농촌에 사는 노인 가구는 도시에 사는 노인에 비해 상대적으로 가족과 지리적 거리가 멀어 물심양면으로 가족과의 고리가 헐겁다고 할 수 있다.

    전국적으로 기대에 못 미치는 정부의 돌봄 지원에 더해, 지방에서는 젊은 층의 이농과 고령화로 인해 마을이 소멸할 수 있다는 위기가 상존한다. 농어촌 지역은 빈집이 늘어가고 있고, 노인에 대한 지방자치단체의 사회복지서비스는 접근성의 어려움으로 인해 사회적 고립에 대한 해결책이 될 수 없다는 것이 일반적인 지적이다.

사회복지서비스에 대한 접근 어려움의 요인은 다양하겠지만, 당사자의 건강과 그로 인한 의지 결여, 그리고 낮은 수준의 교통수단 보유율도 중요하게 언급되곤 한다. 복지와 관련해서 농촌이 갖는 특성으로는 서비스 시설 및 자원 부족, 서비스 인력 부족, 낮은 서비스 질, 교통 불편, 읍과 면의 자원 불균형 등을 꼽는다.

농촌지역 내 고령화는 도시에 비해서도 심각한데, 2021년 농촌의 65세 고령 인구 비율은 43.1%를 기록했고, 2026년에는 46.9%, 2031년에는 50.6%로 전망되고 있다.[34] 3개 이상의 만성질환을 앓고 있는 65세 이상 노인은 50%에 육박하고 있다.[35]

홀로 거주하는 고령자를 일컫는 노인 1인 가구의 경우 경제적 빈곤, 사회적 고립 등의 이유로 정부가 보호하고 관리해야 할 대표적인 집단으로 인식되고[36] 있지만, 보호하고 관리해야 하는 집단이라는 인식이 갖는 사회적 부작용, 예를 들면 청년세대에게 하나의 짐으로 여겨진다는 이미지도 사회적 분열의 한 요인이 된다. 이들이 스스로 함께 돌보는, 커뮤니티 돌봄이 가능하다면, 그들의 남은 생이라는 시간에 자존감을 유지하면서 존엄한 죽음을 맞이하게 될 가능성 또한 커진다고 할 수 있겠다.

아이쿱생협이 펼치고 있는 라이프케어운동은 사람과 사람이 함께 하도록 연결한다는 점에서 좋은 돌봄 서비스 모델이 될 것이라는 기대를 받는다.

도시와 농촌을 막론하고, 한국사회 뿐 아니라 전 세계는 현시대 사회의 문제로 고립을 이야기하고 있다. 고립으로 인해 야기되는 외롭다는 감정은 병을 일으키고, 그 질병으로 인한 손실은 사회가 감당해야 한다는 인식도 대부분 국가들에서 유사하다. 즉, 고립으로 인한 외로움을 개인의 문제로 치부하기 보다는 사회적으로 해결해야 하는 숙제라는 것에 동의한다는 것이다.

혼자 살면서 고립되거나 외로움을 심하게 느끼는 개인의 경우, 건강관리를 잘 안 하고 설령 진단을 받더라도 약이나 치료를 제대로 받지 않기 때문에 그것으로 인한 의료비용이 만만치 않게 되고, 또 중증이기 때문에 사회복지 비용도 커져서 사회적 부담을 많이 주게 된다는 것이 일선 의사들의 설명이다(삼성서울병원 정신건강의학과 교수 홍진표, KBS 시사기획 창 "어떤 가족 – 고립을 넘다"(2024.1.23.)에서). 영국이 가장 먼저 해결에 팔을 걷었으니, 2018년 외로움부 *Department of Loneliness*를 신설하고 개인의 외로움을 사회적 질병으로 규정하면서 적극적으로 대처하고 있다. 외로움은 다양한 질병을 일으킬 수 있는데 면역력을 저하시켜 대표적으로는 암 등을 발병케 한다고 설명한다. 따라서 각국은 고립에 대해 저마다의 해결책을 찾고 있지만, 유효한 처방으로 세계적인 설득력을 얻고 있는 것이 사람과 사람의 연결이다.

이런 관점에서도, 즉, 고립의 문제, 특히 노인 고립의 문제를 사람과 사람의 연결이라는 실천으로 해결한다는 점에서도 라이프케어운동에 기반한 구례실험은 농촌 커뮤니티 복지를 위한 또 다른 유효한 모델이 될 수 있을 것이라고 기대하게 한다.

#3

#2023년 7월 #또 하나의 청사진[37] _신성식의 구술

경제적 원리는 그런 거잖아요. 예를 들면 3천만 원을 벌면 3천만 원 정도의 삶밖에 못 살잖아요. 그런데 서민의 소득을 갖고 중산층의 삶을, 6천만 원, 아니 그 이상인 8천만 원 소득자의 삶을 살 수 있게 하는 방법이 있다면요. 그걸 구례에서 처음 실험하려고 합니다.

아이쿱의 라이프케어 경로에 있는 겁니다만. 라이프케어운동이 자리가 좀 잡히면, 아마도 내년인 2024년 말이나 내후년 정도에는 실험을 한 번 해보려고 합니다. 뭐냐면, 지역 주민들 특히 65세 이상인 사람들을 대상으로 해서 라이프케어 조합비를 월 10만 원을 받는 걸 해보려고 그래요.

월 10만 원입니다. 10만 원을 내면 10만 원 한도에서 암 예방 및 유기농항암식품을 제공하고, 당연히 의료서비스로 병원을 이용할 수 있고요, 사우나 시설도 이용할 수 있습니다. 무엇보다도 교통 문제를 해결해보려고 그래요. 콜택시를 상상하면 되는데 근데 이게 택시 영업이 아니라, 남의 택시가 아니라 우리 차인 겁니다. 공유하는 차*shared car* 개념입니다. 그런데 이 차를 이용하려면 조건이 있어요. 할머니, 할아버지들이 운동프로그램을 얼마나 잘 실천했는지가 중요합니다.

어떤 할머니에게 하루 30분 운동이 건강을 유지하는 데 중요하다고 진단해서 프로그램을 짜드렸다고 한다면, 그걸 잘했는지를 보고 일종의 보상으로 교통을 이용할 수 있게 하는 거지요. 생필품 장을 보는 건 인터넷 쇼핑과 택배도 되는 세상이 되면서 고령층의 가장 필요한 교통 수요가 병원 이용입니다. 그래서 면 소재지에 사시는 분이 몸이 불편해서 병원에 가야할 일이 생기면, 군내 버스를 타려면 버스 정류장까지 집에서 걸어가야 되고, 배차 시간 간격 뜸하니까 시간 맞추어서 기다려야 합니다. 이렇게 군내 버스를 타는 일이 시간도 많이 들고 상당히 불편합니다. 그것도 몸이 불편한 상태에서 병원에 가려면 더 그렇습니다. 그래서 아이쿱이 읍내에 종합 병원을 운영하고, 거기에 예약을 하면 집에 모시러 가고, 병원 진료가 끝나면 장보고, 친구도 만나고, 일을 다 보고 나면 집까지 모셔다드리는, 의료-교통 연계 시스템도 해보려고 합니다.

라이프케어에 가입한 고령층과 노인층이 건강을 위한 운동과 식이 프로그램을 잘 실천하는 습관이 정착되면, 좋은 효과가 나타날 것이고 그러면 라이프케어운동에 대한 신뢰가 쌓일 것이고, 그 신뢰가 쌓이면 다음 단계로는 10만 원을 추가할 경우 해외여행을, 1년에 20일짜리 해외여행을 선택할 수 있게 하려고요. 이미 해외에 마련되어있는 자연드림 리조트들에 가서 즐기다 올 수 있게 할 겁니다. 20일을 한 번에 갈 수도 있고, 두 번이나 세 번에 나눠서 갈 수도 있습니다. 아시겠지만 보통 나이 드신 분들이 단체로, 패키지로 해외여행을 간다고 하면, 아무리 싸도 3박 4일이나 4박 5일로 가려면 한 번에 수십만 원이거든요.

우리는 매달 10만 원으로, 계산하면 연 120만 원인데, 이것을 내면 해외 리조트에서 총 20일을 휴양을 할 수 있는 시스템을 구축하려고요. 부모님들 효도 관광 보내드리고 싶다고 할 때, 노인분들이 스스로 해외여행 가고 싶을 때, 가격이나 대우를 고려한다면, 가격도 저렴하고요. 해외여행을 위한 시중 상품은 저렴하면 대부분 쇼핑을 강요하는데요, 우리는 그렇지 않아요. 그러니까 신뢰할 수 있는 아이쿱에 부모님 효도 관광(?)을 맡기는 것이 매력이 있다는 게 제 생각인데, 어떠세요?

[대담]

급변하는 사회와 생협의 대응: 아이쿱생협의 혁신 방향에 대해

때	2023년 8월 29일 늦은 오후
곳	국립암센터 자연드림식탁
대담자	**김종걸** 한양대학교 국제학대학원 글로벌사회적경제학과 교수
	신성식 (재)자연드림유기농치유연구재단 연구자문위원
	이일영 한신대학교 사회혁신경영대학원 교수
사회	**김아영** 아이쿱협동조합연구소 소장

[김아영] 귀한 시간을 내주셔서 감사합니다. 저는 이 대담의 사회를 맡은 아이쿱협동조합연구소 김아영 소장입니다.

우선 오늘 모신 대담자를 소개합니다. 김종걸 교수님은 현재 한양대학교 글로벌사회적경제학과에 재직 중이시며, 『자유로서의 사회적경제』(2020년)라는 책을 쓰셨습니다.

이일영 교수님은 한신대학교 사회혁신경영대학원에 재직 중이시며, 세계경제─분단경제─한국경제가 연결된 '한반도경제' 관점에서의 체제 혁신 담론을 제기하신 바 있습니다.

그리고 신성식 자연드림유기농치유연구재단 연구자문위

원님이 함께 하셨습니다.

반갑습니다. 오늘 대담은 아이쿱생협이 2018년부터 준비해서 올해 본격적으로 진행하고 있는 라이프케어운동의 도전과 과제를 살펴보기 위해 마련되었습니다.

한국에서 암 관리 정책은 예방, 조기 검진, 치료에 집중되어 있었습니다. 그러다가 작년 6월에 암 관리법이 개정되면서 사후 관리가 추가되어서 현재는 정부와 지방자치단체가 국민의 암 예방과 조기검진, 치료와 사후 관리에 대해 책임을 가지고 대응하게 됐습니다.

그동안 정부가 암을 조기 검진하고 치료하는 데 집중했다면, 아이쿱은 치료가 아니라 암을 예방하고 재발을 방지하는 것에 주목하고 있습니다. 치료가 아니라 치유라고 할 수 있는데요. 치유는 공신력 있는 의료적 근거에 기반하여 암 경험자의 식이와 운동 등 생활 습관의 변화를 통해 암의 재발을 방지하고 예방하는 것이라고 할 수 있습니다.

김종걸 암 재발 방지 전문 병원을 지금 2024년도인가에 괴산에서 개원하겠다는 거 아닙니까? 좋습니다. 그런데, 병원이 되는 순간 이걸 어떻게 포지셔닝할까를 생각해보면, 한편에서는 괜찮나 하는 생각도 들어요. 저는 제 전문 영역이 아니니까 판단이 잘 안 가요. 하지만 이렇게 아이쿱에 호의적인 나조차도 약간은 고개를 갸우뚱할 애매한 영역이라는 생각이고, 아이쿱에 부정적인 사람들 입장에서 보면 비난을 쏟아낼 이야기겠다 싶거든요. 방어 논리가 필요하겠다는 생각을 했어요.

김아영　말씀해주신 그런 부분 때문에 저희가 오늘 이 대담을 준비했습니다. 그런 의견들을 청취하고 어떻게 풀 것인지에 대한 지혜도 모으고자 하는 의미에서 준비했다고 생각해 주시기 바랍니다.

　이제 본격적으로 시작해보겠습니다. 이야기를 나눌 것은 크게는 세 가지 주제인데요.

　하나는 아이쿱이 생협으로 시작해서 지난 30년간 농업의 문제, 농촌의 문제 그다음에 식품 안전의 문제 등 사회 문제를 해결하기 위해 노력해 왔고 그것이 일정 부분 우리 사회에 영향을 끼쳤다고 할 수 있습니다. 저는 현재 우리 사회에서 친환경유기식품에 대한 인식이나 식품안전에 대한 인식이 상당히 높아졌는데, 그러한 변화를 만드는데 생협이 기여했다고 생각합니다. 그런데 사회가 변한 만큼, 또다시 아이쿱은 새로운 과제를 마주하게 된 것 같습니다.

그런 부분에 대해서 다양한 분야의 전문가를 모시고 앞으로 아이쿱이 어떤 일을 어떻게 펼쳐 나갈 건지에 대해서, 특히 아이쿱생협이 지금 주목하고 있고 주도하고 있는 라이프케어운동에 대해서 함께 이야기를 나눠보면 좋겠습니다.

첫 번째 주제. 2023년 한국 사회 짚어보기

김아영 우선은 현재 우리 사회 변화의 흐름을 진단하는 게 필요할 것 같습니다. 왜냐하면 한국 생협은 우리 사회의 문제를 진단하고 그 문제에 대한 해결책을 제안하면서 실제 사업과 운동을 펼쳐왔기 때문입니다. 그래서 현재 우리 사회의 변화와 지금 필요한 것들이 무엇인지를 진단하는 게 먼저일 것 같고요.

그 진단을 바탕으로 현재 생협이 앞으로 그럼 무엇을 할 것인가, 그리고 그 앞에 어떤 과제가 놓여있는가, 그리고 이걸 어떻게 풀 것인가 이게 이제 두 번째 논제라고 생각합니다.

마지막으로 나눠 볼 이야기는 네 개의 한국 생협이 있는데, 그중에서 아이쿱생협이 지금 시도하고 있는 정체성 전환 즉 친환경유기식품에서 치유와 힐링이라는 변화를 구체화한 유기농 항암식품 비즈니스와 라이프케어 *life care* 운동에 대해서입니다. 도전은 무엇이고 해결해야 할 과제는 무엇인지 교수님들과 자문위원님이 생각하시는 관점에 기반해서 제안해 주시고 그에 대해 서로 의견을 나누면 좋을 것 같습니다.

김종걸 작은 것부터 시작해본다면, 요즘 아이쿱의 라이프케어운동 관련 홍보물을 보면 커뮤니티 협동조합이라고 하는 개념을 전면에 내세우던데, 저는 약간의 거부감이 있어요. 왜냐면 협동조합 자체가 커뮤니티성을 갖고 있는 거니까 지금 단계에서 커뮤니티성을 강조하려면 또 다른 설명이 있어야 한다고 봅니다.

이따가 한번 좀 더 얘기를 해봤으면 좋겠어요, 큰 문제는 아니지만. 우리 문제는 우리 스스로 풀어가자. 이게 커뮤니티성이거든요. 이것이 협동조합의 기본 사고방식이지요.

그런데 굳이 지금 커뮤니티성을 얘기하려면 기존의 생

협운동과는 다른 무엇인가의 운동 전선을 이야기해야 한다는 말이죠. 그 부분에 대한 설명이 약간 약하다는 생각이 들어요. 라이프케어운동의 전면에, 맨 앞에, 나와 있는 언어가….

김아영 커뮤니티 협동조합 말씀이시죠?

김종걸 그 부분들에 대해서 조금은 더 머리를 모아보자고 제안합니다.

김아영 네, 좋습니다.
우선, 첫 번째 주제인, 한국 사회의 변화 이 부분에 대해서 말씀 나눠볼까요?

이일영 사실 한국 사회는 성장의 역사잖아요. 아이쿱이 시작을 97, 8년에 한 건데, 1997년이 한국 사회에서 중요했다고 생각하는 분들도 있습니다만, 세계사적 흐름으로 보면 1980년대 후반이 중요한 것 같아요. 그때부터 새로운 단계, 새로운 레짐이 시작되었기 때문이죠. 그러니까 신자유주의라고 얘기할 수도 있고, 글로벌화라고 얘기할 수도 있고, 정보화라고 얘기할 수도 있고, 그런 것들이 다 겹쳐서 한 30여 년 성장의 역사를 써왔다고 볼 수 있습니다. 그런데 그때부터 한국 사회 내에서는 불평등 이런 것들이 문제가 되기 시작하는데, 그때 불평등이라는 거는 성장 속의 불평등이니까 60~70년대를 거쳐 80년대까지는 우리가 동아시아 모델 얘기할 때 셰어드 그로스*shared growth*, 공유적 성장이라고 말합니다. 불평등도를 나타내는 객관적 지표인 지니계수[38]를 보면 개선되는 흐름도 나타납니다. 그게 한국 모델, 또는 동아시아 모델의 특징인 거죠. 2000년대 들어서는 불평등 문제가 부각되지만, 그래도 성장이 지속되었고, 그래서 '대한민국이 선진국이 됐다.' 이런 얘기가 나오는 겁니다. 이때까지 한국의 성장은 계속됩니다. 이때까지는 불평등 문제가 부각되지만, 성장세가 결정적으로 꺾였다 볼 수는 없습니다.

그런데 2010년대 이후는 완전히 다른 역사적 단계에 들어선 것으로 보입니다. 분기점을 2008년이라고 얘기할 수도 있고요. 2008년 위기를 겪고 2010년에 세계 경제 2위 국이 일본에서 중국으로 교대가 됩니다. 미중 갈등이 시작되는 배경이 됩니다. 국내적으로는 2015년, 6년이라고 얘기할 수도 있습니다. 사드 문제로 한중 갈등이 부각됩니다. 국내 지표를 보면, 2015년 전후로 해서 추세가 완전히 바뀌어요. 성장의 추세가 꺾이는 한편으로 내적 격차와 균열은 굉장히 심해집니다. 그다음에 정치가 작동을 안 해요. 그리고 사회적 붕괴 현상 같은 게 나타나기 시작하고요.

이전 30년간의 한국경제는 미중 협조와 글로벌화 기반 하에서 작동했습니다. 글로벌 협조 조건에서 성장 메커니즘이 작동한 거고, 산업도 그런 식으로 굴러갔는데, 그 조건이 변했습니다. 특히 지난 1~2년간의 변화는 급격했고 기존의 모델은 작동하지 않는데, 대안 모델은 안 보입니다. 대안이 없어요. 야당 여당할 것 없이 지금 사법적 문제에만 몰두해 있고, 대안적 성장에 대한 논의는 없는 채로 있습니다.

지금 국제질서는 어마어마하게 변화되고 있습니다. 한국경제를 성장할 수 있게 했던 동아시아 강대국 간의 협력적 질서가 군사 안보적으로는 와해하고 있는데, 경제적으로는 다른 대안이 뚜렷이 없는 상황이에요. 미국도 중국도 굉장히 혼란스러운 상황에 처해 있는 거죠. 그 사이에 있는 한국은 지금 굉장히 어려운 상황에 들어가 있다고 할 수 있습니다. 지표상으로 과거의 공유적 성장 *shared growth* 모델은 없어졌고, 비공유적 저성장*unshared low growth* 모델로 전환되었다고 말하고 싶어요.

예컨대 농업이 어땠냐를 보면 농업이 망하느니 어쩌느니 해도, 농업 안에서는 어쨌든 성장을 해온 거예요. 어쨌든 성장을 해왔고, 상층 농을 중심으로 해서 변화와 적응을 또 해온 것도 사실이에요. 그런데 그 기반 자체가 지금 무너지고 변화하고 있는 겁니다. 그간의 30년간, 더 거슬러 올라가면 60년간의 경제발전 메커니즘이 무너지고 있다, 이런 위기감을 느낍니다. 한미일 간에 준準 군사동맹이 진전되면, 경제에 미치는 압력은 더 커질 것으로 여겨집니다.

기존의 경제적 생존 방식이 유지될 수 없다면, 앞으로 어떤 미래가 가능할까요. 미래학에서는 크게 성장, 전환, 유지, 붕괴 등 네 가지 시나리오를 얘기해요. 크게 보면 성장할 거냐 아니면 붕괴할 거냐 두 개 길이예요. 저는 우리가 붕괴 시나리오로 이미 들어선 것 같은 느낌이 들어요. 큰 틀에서 보면 기존 모델의 붕괴로 가는데, 이제 어떻게 붕괴할 거고 무엇이 살아남을 건지, 이런 문제를 좀 생각을 해야 하는 상황인 것 같습니다. 붕괴의 흐름 속에서 전환의 가능성을 생각해야 하지 않나 싶습니다.

국제질서 급변 중 경제발전 메카니즘과 사회의 붕괴 흐름 속에서 전환의 가능성 모색이 필요

김종걸 골든타임 얼마 안 남았다는 생각이 요즘 갈수록 더 듭니다. 이러다가 몰락하겠구나. 내 아들 세대는 나보다 못 살겠다 하는 생각이 들어요. 또 한 가지는 매년마다 90만 명씩 나오는 우리 노인 세대는 참 어려운 노후를 보내겠구나 하는 생각입니다.

일본하고 우리랑 다른 거는, 부자가 망해도 3대는 가잖아요. 일본은 50년간, 60년간 축적된 자산이 있으니 그 자산 가지고 어떻게든 간에 기준이 약간 낮아져도 살 수 있어요. 근데 우리는 허겁지겁 왔으며 축적된 자산이 많지 않아요. 게다가 지금의 소득이 최대치를 찍은 것 같은 느낌도 듭니다. 자산 상위 10%를 제외한 나머지 90%는 어떤 방식이든 간에 새롭게 경제 성장을 하든가 해야 하는데, 이것이 안 된다 그러면 몰락할 거니까 아주 처참한 세상이 될 것 같은 생각이 들어요.

가장 심각한 문제는 내로남불이 일반화되었다는 것입니다. IMF 위기 때 금 모으기와 같은 것은 이제부터는 없을 것 같습니다. 저부터도 안 합니다. 태안반도에서 기름띠가 엉망 되었을 때 사람들이 인간띠를 만들어서 해결했던 자랑스러운 우리의 공동체적 기초가 이제부터는 작동하지 않는다고 봅니다.

왜? 공동체를 위해서 열심히 했던 사람들이 다 손해 보는 것을 지난 20년간 철저히 알았기 때문이에요. 거짓말하고 자기들끼리 이득을 얻었던 사람이 권력을 잡고 그들이 항상 사회 속에 중심에 서 있다는 걸 이미 알기 때문이에요.

이영일 교수와 같은 얘기입니다만, 한국경제는 지금 무너지고 있는 것 같아요. 미래 먹거리도 잘 안 보입니다. 그리고 기존에 있던 관료 시스템도 잘 작동 안 하고 있어요. 잼버리 때 봤잖아요. 누구도 일 안 하고, 누구도 책임지지 않는 거예요. 대한민국 사회에 대체 이 정도 큰 사건들이 벌어지는데… 홍수가 나가지고 대민 지원 중에 한 젊은 군인이 물에 빠져 죽었는데, 누군가는 책임을 져야 하는데도 누구도 내 책임이라고 하는 사람이 없어요.

이 사회 전체가 기본적인 공동체의 기강, 사회에 대한 신뢰, 이 모든 게 무너졌습니다. 단순하게 경제적 문제가 아니라 밑바닥부터 무너지고 있다는 겁니다.

사회에 대한 신뢰의 붕괴, 사회적 관계의 와해, 정치적 활력, 사회적 활력이 소진

이일영 저 역시 사회적 붕괴 상태를 느낍니다. 사회적 관계가 붕괴되고 있습니다. 97년 위기하고는 다르다는 거죠. 사회적 관계가 지금 계속 와해되고 있습니다. 관료제도 작동을 안 하고요. 전반적인 마비 상태 아닌가 싶습니다. 우리가 과거에 장점이라고 했던 그런 부분들, 정치적 활력, 사회적 활력이 소진된 느낌입니다. 파도처럼 활력이 솟아오르기도 했는데, 촛불 시민의 등장이 그런 거였죠. 그런데 그 동력이 실제로 얼마나 제도화되고 거점화되고 있는지를 생각해보면, 긍정적인 답을 하기가 어렵습니다. 얼마 전까지 자살률 높은 게 문제라는 말이 많았죠. 그런데 사람들이 좌절하고 분노해서 스스로 목숨을 끊는 데서 더 나아가, 이제는 남을 마구 살해하는 엽기적인 상황이 벌어지고 있습니다.

전환이 필요한 상황, 국가는 미래 비전 제시 못 해

김종걸 상상이 안 가는 사회가 된 거죠. 근데 상상이 안 가는 사회가 됐는데 상상이 안 갈 정도로 윗사람들의 노블레스 오블리주도 다 무너진 거예요. 어떤 역할을 할 만한 사람이라면 이 정도의 도덕 수준과 이 정도의 능력을 갖춰야 한다는 게 사회적인 일종의 공통분모가 있었는데 이게 없어져 버린 겁니다. 이런 상황들이 벌어지고 있으니, 이건 사회 붕괴라고 말할 수밖에요.

지금까지 나온 이야기들을 연결시키면서 덧붙여 보자면, 한국 사회가 IMF 이후에 어쨌든 간에 세계적인 기업들이 등장했어요. 그전까지는 약간 2류, 3류였는데 세계의 삼성이 된 거고 세계의 LG가 된 거예요. 그건 IMF라고 하는 구조조정 과정들 속에서 혹독히 스스로를 훈련시켜왔기 때문이죠. 두 번째는 국민 하나하나가 자신이 가진 모든 자원을 다 애들한테 집중했고 그중에서 가장 우수한 아이들을 대기업에서 선발해 갔습니다. 부모가 아침부터 밤까지 일해서 죄다 훈련시킨 아이들을 대기업들에게 공짜로 갖다준 겁니다. 그런 기업의 경쟁력과 확대되는 중국시장, 이 2가지가 우리의 안정적인 성장을 가져온 것입니다. 그런데 이제 달라지기 시작했어요.

중국도 이제 예전 같지 않고, 신냉전이 벌어지기 시작했고, 대기업은 매출액은 늘어도 고용인원은 늘리지 않는 형태가 일반화되어 갔죠.

판교로 대표되는 IT 산업에 있는 엘리트들은 커나가고 있지만, 이들은 일부에 지나지 않아요. 나머지는 다 버림받고 있는 거예요. 이 상황에서 한국사회의 약한 고리는 모두 무너지고 있는 겁니다. 청년 중 일부는 IT 산업에 들어가서 살지만, 나머지는 다 버림받고, 노인들은 미래가 준비 안 된 상태로 갑자기 퇴직을 맞이하는 것입니다. 이 속에서 국가가 그 어떠한 미래비전과 해결책을 제대로 내지 못하고 있습니다.

이일영 불안한 제 마음이 문제일 수도 있는데, 당분간은 어떤 반전을 기대할 수가 없다는 생각이 듭니다. 전환을 도모할 비전과 그 세력이 없고 정치는 점점 더 망가지고 있고요. 사람이 살려면 기대와 희망을 가져야 한다고 다짐을 해보기도 하죠. 그래도 어렵다는 생각이 커지는 것은 어쩔 수가 없습니다.

안 보이는 희망, 포기 대신 새로운 삶의 방식을 통한 희망 찾기

김종걸 희망이 없다고 그러지만, 희망이 없이 어떻게 살겠어요. 그럼에도 불구하고 거점을 어딘가에 만들어야 하는데 말입니다.

이일영 국가가 작동 안 하고, 사회는 붕괴하고 있다는 것은 엄연한 현실이죠. 기존의 모델이 붕괴하고 있다고 해서 모든 게 사라진다는 극단적인 얘기는 아닙니다. 어쨌든 전처럼 살아갈 수는 없다는 거죠. 그래서 저는 노아의 방주 얘기를 하고 싶습니다. 지금은 노아의 방주를 만들 때다, 살 사람은 새롭게 사는 방식을 찾아야 한다는 거죠. 홍수가 나고 폭풍우 몰아치는 속에서 노아의 방주 프로젝트를 준비해야 할 시기인 것 같습니다.

두 번째 주제. 어려운 한국 사회 상황에서 생협의 사회적 역할을 지속할 방안

김종걸 사회가 붕괴하고 있을 때 가장 피해를 보는 사람은 명확하게 노년층, 청년층이에요. 청년은 미래의 희망을 가질 방법이 없고, 노년은 앞으로 5년, 10년을 버티고 살아갈 자금이 부족한 상황입니다.

이 부분에서 대담 시작할 때 제가 언급했던 커뮤니티 얘기를 다시 해보고 싶은데, 우리가 왜 커뮤니티 비즈니스, 커뮤니티 협동조합에 관심을 보이냐 했더니 바로 이 사회가 붕괴하는 걸 아주 절실하게 느끼고 있어서 이걸 어떤 방식이든 간에 재구성시켜야 된다고 하는 그 필요성 때문이지요.

아이쿱의 홍보물에서 라이프케어운동을 설명할 때 커뮤니티 협동조합이 굉장히 추상적으로 나와 있는 것으로 읽혀서 아쉬웠어요. 앞으로 커뮤니티 협동조합을 이야기할 때는 청년, 노년 등 그 커뮤니티의 대상을 분명히 설명하고, 커뮤니티 구성이 그들 삶에 가지는 의미를 제대로 설명해야 할 것이에요. 생각해보면 지금 중산층화된 대한민국이 먹는 거에서 벗어나서 힐링과 케어로 가고 있다라는 건 분명합니다. 암 재발방지 전문 병원에서 좋은 서비스를 저렴한 가격에 받는 조합원들, 가령 월 300만 원으로 한 달 입원 치료가 가능한 사람만이 아니라, 월 200만 원 혹은 월 100만 원 정도로도 그곳에 들어가는 기회를 주는 것도 커뮤니티 협동조합으로서의 역할일 겁니다. 그런데 지금은 친환경운동이라고 하는 일반론에 치중되는 그런 아쉬움이 있습니다.

사회 붕괴 상황에서 커뮤니티 협동조합에 대한 기대는 커지고

이일영 지금 김 교수님 말씀은 사회적 붕괴가 세대적으로 불균등하게 충격을 준다는 거죠. 상당히 공감됩니다. 한국의 불평등 또는 격차에 대해서는 여러 논의, 논쟁들이 있어요. 역시 계급적 계층적 측면에 주목해야 한다는 주장도 있고, 그밖에 다른 논의들도 있죠. 그중에서 대표적인 게 정치적·사회적 균열 지점으로 부각된 젠더 문제라고 할 수 있고요. 세대 문제도 정치 쟁점이 되기도 했습니다.

사회과학 이론에 비추어 보면, 계층·계급 문제일 수 있는데, 이게 현상적으로 두드러지게 보이는 것이 노인들의 처참한 상태입니다. 얼마 전까지 우리가 고용 없는 성장 얘기를 했는데, 최근에는 성장 없는 고용이 나타납니다. 그 고용이 어디서 일어날까요? 주변에서 느끼듯이 고령화 속에서 생존을 위해 고령 세대가 노동시장에 들어가는 거죠. 살기 위해서 내몰린 거죠. 다른 방법이 없어서요. 다른 한편으로 청년 세대들이 들어갈 일자리는 별로 없어요.

어려운 상황입니다. 사회적경제가 격차를 줄이고 고용을 늘리고 하는 데 역할을 할 수 있다, 그래서 경제 모델을 바꿀 수 있다, 이런 기대도 있었는데요. 그간의 역할에 대해 평가를 해봐야겠지만, 앞으로 쉽지 않은 환경이 되고 있다는 생각이 듭니다. 생협도 격렬한 경쟁 환경에 노출되어 있습니다. 대담 전에 김아영 소장께서 말씀하신 것처럼, 생협 방식을 차용한 기업의 가치가 1조 원을 넘어가면서 유니콘 기업으로 등극하기도 했죠. 새로운 유통 기업이 기존 유통 대기업을 위협하고 있고요. 명암이 엇갈리고 있는데, 잘 분석을 해봐야 합니다. 지금까지는 아이쿱도 비교적 성공한 협동조합 기업이었죠. 급변하는 환경에서는 기민함

이 중요한 생존력이라는 생각이 듭니다. 한국경제의 성장 조건이 급변하고 있고, 전통적 기업들과 마찬가지로, 협동조합이나 사회적경제도 상당히 어려운 환경에 놓여있다고 봅니다.

김아영 그러니까 지금 해주신 말씀들을 가지고 생각해보면 30년 전에 공유되는 성장의 그 시기에 새로운 성장의 그림을 그려보려고 모였던 사람 중에 협동조합이 있었던 거잖아요? 그리고 그때 청년이었던 사람들이 30년이 지난 지금 장년이 된 거구요. 그런 면에서 말씀하셨던 커뮤니티를 기반으로 하는 협동조합이 우리 사회에 새로운 질서, 새로운 사회, 새로운 것들을 만들어낼 거라는 희망 그리고 그 희망이 아이쿱의 성장에도 좋은 밑거름이 됐다고 생각을 하게 됩니다. 그런데 얼마 전에 신 자문위원님은 어떤 인터뷰에서 협동조합의 커뮤니티성이 사라졌다고 말씀하셨는데 어떠세요? 이 두 분의 말씀에 대해서.

세 번째 주제. 변화하는 사회 상황 속 아이쿱의 새로운 사업 라이프케어에 대해

신성식 나라 전체는 사회적 신뢰가 무너지고 붕괴 단계로 진입하고 있고, 협동조합 자체가 커뮤니티성을 갖고 있어야 하는데, 대부분 사라졌고, 협동조합이나 사회적경제도 상당히 어려운 환경에 놓여 있는 상황입니다. 그래서 아이쿱은 2019년부터 새로운 전환을 시도하고 있습니다.

1840년대 초기 협동조합은 가난이라는 어려움을 함께 해결하고자 시작되었습니다. 반면에 현대 협동조합은 물질적으로 풍요로운 사회에서 살고 있으면서 삶의 질과 관련된 문제를 다루고 있습니다. 지난 30년간 한국생협은 식품의 안전·안심, 유기농 운동 등을 해왔는데, 이 또한 삶의 질에 관한 것이었습니다. 이런 활동이 가능했던 건 한국경제의 성장이 지속되었기 때문인데, 최근에는 이 흐름이 무너지고 있습니다. 국가가 작동하지 않고 사회는 붕괴하기 시작했습니다. 이런 상황이라면 협동조합도 위기에 빠질 것이므로, 전환을 준비하고 새로운 성장 동력을 찾아야 합니다. 성장이 멈춘다는 건 부가가치 생산이 되지 않는다는 의미인데, 새로운 성장이란 높은 부가가치를 만들 수 있는 일이어야 합니다. 그 새로운 동력이 라이프케어운동입니다.

라이프케어는 한국말로 생명돌봄 운동입니다. 이 운동의 첫 번째 단계는 암 재발방지 운동과 유기농항암식품 사업입니다. 암은 한마디로 풍요의 질병입니다. 암은 과잉 소비(섭취)와 적게 움직여서 생기기 때문입니다. 과잉섭취가 가능한 이유는 식품 가격이 싸졌기 때문인데, 이는 산업혁명으로 대량생산이 가능해졌기 때문입니다. 그런데 가격만 내려간 것이 아니라 품질도 내려가면서 현대 식품은 정크푸드가 지배합니다. 그래서 암은 상류층보다는 서민들이 더 많이 걸립니다. 정크푸드를 많이 먹고 적게 운동하기 때문입니다. 햄버거 같은 정크푸드를 많이 먹는 젊은 세대의 암 발병률이 점점 높아지는 건 우연이 아닙니다. 그래서 암은 현대 사회의 모순을 집약해놓은 결과물입니다.

그렇기 때문에 암이라는 질병을 해결하는 과정에서 붕괴하는 사회를 다시 세울 수 있고 새로운 성장의 실마리를 찾을 수 있을 겁니다. 한국의 농식품은 가격 경쟁력이 거의 없고, 고급 식품에 속하지도 못하고, 생산량도 많지 않은 애매한 상태에 있습니다. 한국의 농식품 사업이 유기농항암식품을 중심으로 새롭게 구축되면 이 애매한 상태를 벗어나 높은 부가가치 사업이 될 수 있습니다. 전 세계 어느 곳도 자신있게 유기농항암식품을 생산할 수 없기 때문입니다.

이런 판단에서 아이쿱은 물부터 시작해서 유기농항암식품을 생산하고 널리 보급하고자 합니다. 나아가 수출도 할 계획입니다. 이미 일본에 물을 수출했습니다. 아이쿱이 한국 협동조합 사회적경제 진영에서는 유일한 수출 기업으로, 수출 일꾼으로 발돋움을 시작하고 있습니다.

이일영 교수님 판단과 마찬가지로 아이쿱은 내수보다는 수출 쪽으로 방향을, 비중을 높이려는 시작을 한 거예요. 근데 수출을 위해서 상대방을 설득할 때, 외국의 협동조합이나 외국의 식품 기업들을 상대할 때, 라이프케어가 굉장히 매력 있는 스토리거든요. 그걸 이제 시작했습니다.

전통적인 협동조합과는 약간 다른 길을 우리가 시작한 거지요. 라이프케어의 국내 비즈니스 비중이 장기적으로는 아마, 제가 봤을 때는, 30% 이하로 줄어들 겁니다. 해외 비즈니스 쪽으로 중심을 이동하려고 합니다.

이일영 수출 얘기는 제가 10여 년 전에 아이쿱이 주관한 세미나에서 말했던 생각이 납니다. "아이쿱은 국내에서 협동조합끼리 경쟁하는 것보다 대기업과 경쟁해야 한다, 해외 쪽으로 뻗어나가고 다각화를 해야 한다," 이런 말씀을 드렸죠.

김종걸 해외로 가는 데에 찬성합니다. 찬성하고 있는 것 중에 하나가 동남아시아에 잘 사는 사람이 진짜 많다는 게 첫 번째 이유이고, 두 번째는 신뢰받을 수 있는 파트너가 많지 않다는 겁니다. 저의 개인적인 경험으로 본다면, 아이쿱 정도의 공신력을 갖고 있으면 상당히 의미 있는 활동이 가능하겠다는 생각이 들거든요.

아까 얘기로 다시 돌아가면 비즈니스는 비즈니스대로 가겠죠. 그런데 한국에서 자연드림 매장을 봅시다. 제가 자연드림 매장의 충성 고객 아닙니까? 충성 고객인데, 옆에 오아시스도 있고 여럿 있어요. 아이쿱한테는 미안하지만 자꾸 그쪽에서도 사게 돼요. 말하자면 경쟁자가 점점 많아진 거예요. 친환경농산물부터 시작해서 모든 것들이 기본적으로 표준화되기 시작했고, 시장에서 사람들이 금방 체크할 수 있게 됐거든요. 치열한 경쟁시장에서 자연드림 매장에 있는 제품만 가지고 언제까지 승부할 거냐? 그렇게 따진다면 바꾸는 게 옳아요. 바꾼다고 볼 때, 생협이 갖고 있는 특히 아이쿱이 가진 최대 장점은 신뢰거든요.

그렇다니까요. 정보의 비대칭성이 문제가 되는 의료분야에서 아이쿱이 쌓아온 신뢰를 바탕으로 비즈니스를 한다는 것은 충분히 의미가 있다고 봅니다. 그래서 저는 예전에 신 자문위원님이 말씀하셨을 때 이건 새로운 비즈니스 모델을 창출하는 거고 옳은 방향이라고 말씀드렸습니다.

김종걸이 질문합니다. 라이프케어의 세 가지 난점

김종걸 그런데 두 가지, 아니 세 가지 난점이 있어요. 하나는 정말 이게 예방인지 치유인지 아까 치유라고 그랬는데, 치유와 치료의 중간 영역이 애매하다는 겁니다. 이 부분들을 어떻게 분명히 설명할 것인가가 첫 번째 과제인 것 같고요.

두 번째는 돈과 관련된 것입니다. 큰 돈이 들어갈 테니까요. 괴산 치유센터에 다른 것도 다 들어가 있지만, 거기에다가 치유 전문병원 하려면 액수가 클 거거든요. 그런데 아이쿱과 소위 라이프케어 협동조합은 별개 조직이지 않습니까? 인원이 상당히 많이 겹치겠지만 별개의 조직인데 만약에 아이쿱에서 이쪽에다 출자를 한다면 그것을 위한 합의구조를 어떻게 마련할 것인가가 두 번째 과제일 것입니다.

세 번째는, 라이프케어 협동조합이 커뮤니티라고 얘기했는데, 이 커뮤니티가 암치유와 기후변화대응에 초점을 맞추고 있다는 것의 의미입니다. 한국 사회에서 이 문제가 왜 시급하며 중요한 것인가가 제대로 설명되어야 할 것입니다.

신성식이 답합니다. 라이프케어의 세 가지 난점에 대해

신성식 교수님이 보신 게 브로슈어 뒤에 있는 암 재발 방지 요양병원인데, 시중에 이런 서비스를 하는, 소위 하이 퀄리티 요양병원들이 제법 있어요. 이런 병원을 이용하려면 한 달에 천오백에서 이천만 원 정도 듭니다. 저희는 이 서비스를 실손보험에 가입해 있으면 월 100만 원에 이용할 수 있도록 준비하고 있습니다. 조금 전에 김종걸 교수님이 이야기 한 것, 즉 커뮤니티 협동조합이 노년층을 위해 무엇을 하려고 하는지 어필할 수 있다고 봅니다. 대형 병원에서는 암 수술할 때

검사하고 입원해서 수술하는 것까지 해서 전체 기간을 2주 이상을 입원할 수 없습니다. 암 환자가 너무 많아서죠. 수술 끝나고 웬만큼 아물면 대부분 나가야 해요. 암 환자 본인도 굉장히 쇼크 상태인데 나가야 하는 겁니다. 나간 후에 사람들은 다 요양병원을 갑니다. 저희가 하려는 암 재발 방지 병원이라는 게, 그 요양병원을 얘기하는 거예요.

김종걸 그러니까 요양병원이라는 말씀이시군요. 그러면 한 두 달만 머물면 되는 거네요.

신성식 시중 요양병원이 의료보험하고 실손보험에서 보험을 지급해 주는 최장 기간이 6개월이에요. 근데 우리는 3~4개월이면 재발 방지를 위한 치유가 끝날 거라고 보는 거고요. 그 후에는 집에서 스스로 할 수 있게 만들려고 합니다. 그런 필요가, 수요가 많이 있습니다. 암이란 질병이 생기는 시간도 대략 10년 정도 걸리는데, 완치되기 위해서도 몇 년이 필요합니다. 마라톤 경기에서 체력이 제일 중요한 것처럼 장기치료에서는 재정이 중요합니다. 그래서 커뮤니티 협동조합에서는 유기농항암식품 가격을 유기농 식품 수준 이하로 공급하려고 계획하고 있습니다.

김종걸 거기에서 간병 간호는 어떻게 합니까?

암 치료와 치유에 대한 사회적 필요 인지

신성식 간병 간호까지 다 들어가 있죠. 최근에 수원센터를 리뉴얼 했는데 거기에 말기 암 환자 한 분이 오셔서 우리 괴산 병원에 뭐 있냐 뭐 있냐 예를 들어서 고주파 치료기 있냐 뭐 있냐 자꾸 물어보시더라고요. 그러니까 자기는 그게 필요한 거예요.

그분은 수원센터를 오픈하면 들어오려고 지금 마음먹고 있는 겁니다. 그분 입장에서 우리 요양병원 비용은 아주 싼 거예요.

실제로 라이프케어에 가입한 조합원이라면 별도 비용없이 서비스를 받을 수 있어요. 우리가 이걸 왜 시작했냐 하면, 현실적으로 암 요양병원과 요양병원이 구분되지 않습니다. 그냥 전부 요양병원으로 돼 있어요. 그리고 요양원이 있어요. 요양원은 더 싼데 문제는 의료보험이 거의 안 되죠. 밥값 정도만 되고. 그러니까 이 사람들이, 치료받고 퇴원한 사람들이 안 가려고 그래요. 실제로 우리 프로그램은 요양원으로도 할 수 있는데, 제도적인 한계 때문에 결국은 요양병원이 먼저 필요하고 그다음에 요양원 같은 게 좀 필요한 건데 우리는 이 요양원보다는 아예 집에서 하는 게 충분히 가능할 거라고 보는 겁니다.

김종걸 교수께서 왜 암 이야기, 기후변화 얘기하느냐고 궁금해하셨는데, 한국 사회, 한국인들의 변화를 몰라서 그런 게 아니고, 무엇보다도 친환경 유기농식품을 보다 싸게 공급하는 문제가 지금 사람들의 귀에 닿지 않아요. 요즈음 은퇴자든 젊은 청년 세대든 관심을 갖는 이슈가 무엇인지라는 측면에서는 암으로 대표되는 이야기가 괜찮다는 반응이 확실히 있다고 봅니다. 근데 이거는 우리나라뿐만 아니라 전 세계적으로도 이슈입니다. 거기에 더해서 암과 관련해서 예방을 전면에 내세우면 실패할 거라고 봐요. 그래서 재발 방지에 초점을 맞추는 거죠. 올해 암 수술 끝낸 사람들이 28만 명입니다. 신규 암 환자로 수술하는 사람이 28만 명이고 내후년 기준으로 30만 명을 돌파해요.

`김아영` 누적하면 곧 전 국민의 5%를 넘어설 겁니다.

라이프케어는 커뮤니티성 회복 방안으로 충분할 것

`신성식` 아이쿱이 지금까지 25년가량을 사업하고 활동해서 조합원 30만 명을 넘었습니다. 그나마 우리는 로열티가 좀 높은 조합원들이 제법 많다고 할 수 있습니다. 아무튼, 1년에 30만 명씩 암 환자가 생겨난다고 통계가 말해 주는데, 게다가, 암 질환이 젊은 층도 예외는 아니라는 거죠. 이들의 필요를 읽어야 한다고 봅니다.

    그래서 이제 식생활 문제나 삶의 문제 이런 것들을 전반적으로 이야기를 할 수 있는, 소위 전반적으로 마인드를 바꿔 나갈 수 있는 그러면서 자연스럽게 커뮤니티성을 회복하는 그런 하나의 고리로서 이 암이라는 이야기를 해볼 수 있겠다고 판단한 거고요. 이 시스템이 안정화되면 곧바로 구례나 괴산에서 뭘 실험할 거냐면, 월 10만 원을 내는 라이프케어를 해보려고 합니다. 월 10만 원이 뭐냐 하면요, 시골에서는 읍내에 사는 사람도 있지만, 대부분이 면 단위에 사는 노인들인데, 이분들이 대부분 먹거리를 사러 장에 가거나 농협에 가잖아요. 이분들은 유기농항암식품을 월 10만 원 정도면 혼자 웬만큼 먹고사신다고 보는데, 10만 원 내고 먹거리만 공급받는 게 아니고, 우리가 이렇게 저렇게 생활하시면 건강을 유지할 거라고 짜드린 프로그램을 받을 겁니다.

그리고 그것을 열심히 하시는 분들한테 어떤 보상을 드리려고 합니다. 뭐냐 하면 교통수단을 드리려고요. 택시…. 정확히는 택시는 아닌데, '공유 교통서비스' 같은 개념. 아무튼, 지금은 이 노인분들이 소위 군내 버스라는 걸 이용하잖아요. 버스가 하루에 몇 번 밖에 다니지 않으니까 한참을 기다려야 하고, 버스를 타려면 계단을 오르고 내리고 해서 노인으로서는 굉장히 불편한 구조거든요. 그런데 예를 들어서 이분이 병원에 검진 가거나 읍내 시장에 가거나 할 때 예약을 하면 우리가 차를 보내드리는 거를 계획해 보려고요.

집 앞에서 픽업해서 일 보고 집에 가실 때 집까지 모셔다 드리는, 이것을 부가 서비스로 하려고요. 물론 라이프케어에서요. 그 차는 친환경 전기차로 하려고요. 택시는 아닌데 거의 택시처럼 혹은 자가용처럼 움직이는 시스템으로 한번 해보려고 하는 거예요. 일종의 쏘카 겸, 공유차 겸, 우버 겸, 이런 개념이 다 섞여 있다고 보시면 되는데, 이걸 한번 해보려고 그래요. 이렇게 먹거리하고 교통수단이 해결된다고 했을 때, 월 10만 원이라면 이거는 정말 괜찮은 설계라고 생각합니다.

전남 구례가 현재 등록 인구가 2만 4천인데, 실제 거주 인구는 2만 명 겨우 될까 말까 합니다. 그중 65세 이상이 아마 40%에 육박할 겁니다. 그러면 8천 명이잖아요. 제가 볼 때는 이거는 하는 즉시 몇천 명 단위로 참여할 정도로 반응이 뜨거울 거라고 보는데, 그 실험을 거기 구례에서 먼저 한번 해보려고 합니다. 소규모 도시와 지역 등에서 좋은 결과를 만들어 이것을 서 입증하면서 점차 대도시로 확대할겁니다. 소규모 도시에서, 지역에서 좋은 결과를 만들어서 입증하면서 점차 대도시로 확대하는거죠. 이렇게 커뮤니티 협동조합이 치유에서 교통 서비스, 이후에는 여행, 주택까지 넓혀질 겁입니다. 이러한 사업을 연결하는 허브는 공제(상호부조)가 될 것입니다. 이렇게 커뮤니티 협동조합의 사업영역이 생활 전반으로 확대되고 연결하면서 고 부가가치 사업이 형성되고 새로운 일자리까지 만들어질 것입니다. 이렇게 되면 커뮤니티 협동조합의 라이프케어운동이 청년층에게 새로운 도전의 기회가 될 수 있을 겁니다.

`김종걸` 월 10만 원에 먹거리와 교통수단을 해결해준다?

`이일영` 시골은 교통이 가장 큰 문제지요.

생활습관 실천을 커뮤니티에서 함께 하자는 제안

`신성식` 근데 그걸 아무 조건 없이 제공해주는 게 아니라 이분들이 우리 프로그램을 따라와야 합니다. 하루에 몇 시간을 산책도 하고, 뭐도 하고 하는 이런 것들을 우리가 생활습관 실천 프로그램으로 짜드리는 겁니다.

그리고 라이프케어에 보면 힐링 인센티브_healing incentive_가 있고 쿨링 인센티브_cooling incentive_가 있어요. 힐링은 자기 자신을 위해서, 자기 몸을 위해서 하는 거고, 쿨링은 지구를 위해서 플라스틱 안 쓰는 것과 같은 겁니다. 거기에 따라서 인센티브로 잘했다고 칭찬하면서 보상으로 교통 서비스를 주는 거죠.

　김종걸 교수님이 얘기했던 라이프케어에 대한 세 가지 난점 중에서, 첫 번째 공신력의 문제는 사실 별로 걱정을 안 하는 게, 관련 학회나 기관에서 의사와 교수 같은 전문가분들 여럿이 우리 치유재단을 포함해서 우리와 함께할 의지를 보여주셨거든요. 암은 몸을 딱 바꾸지 않으면, 환경을 바꾸지 않으면, 생활을 바꾸지 않으면, 재발할 가능성이 크다. 그리고 재발되면 죽을 가능성이 크다. 이런 캠페인을 저명한 의사들과 함께, 아예 조직을 해서 하려고 합니다. 공신력 문제는 그런 식으로 풀어가면 될 거라고 봅니다. 참여 의지가 있으신 분은 언제든 연락해주시라고 소문도 내고 또 다른 아이디어로는 학회를 별도로 만들거나 기존 학회들이랑 조인해서 보강해도 되겠다 싶습니다.

　라이프케어의 핵심은 결국 유기농항암식품 또는 암 재발 방지 시스템인데, 국가에서도 대책을 가지고 있지 않기 때문에 공신력을 얻는데 어려움이 없을 겁니다. 특히 암에 걸리면, 두 번째 암부터 돈이 대책 없이 들어갑니다. 첫 번째 암이 아니라. 두 번 이상 재발한 사람들의 경우 너무 대책이 없어요. 첫 번째 암은 이제 보험이니 뭐니 해서 웬만큼 커버가 되는데, 두 번째 재발하면 그다음부터 힘들어집니다. 결국 집안을 망하게 만드는 게 이 두 번째 암이죠.

김종걸 사적 보험들은 암 발발했을 때 한 번만 해주고 안 해주니까요.

김아영 2차 암 재발을 보장해주는 보험이 개발되기는 했지만 일반적이지는 않습니다.

신성식 화재보험으로 치면 이 집이 불이 나서 보험금을 지급했는데, 다시 불이 나면 또 지급할까요? 암 환자의 경우, 2차 암에서 거의 집안이 풍비박산 납니다. 2차 가면 또 전이되어서 거기서 이제 집마저 풍비박산이 납니다. 결국 이와 같은 체계에서는 사후 관리라는 얘기가 나올 수밖에 없는 거예요. 근데 그동안에는 공식 의료 체계에서 사후 관리 시스템이 없었습니다. 지난번에 우리가 정부 관계자에게 암 재발방지 전문 병원을 아예 제도화시키자고 제안을 하기도 했어요. 안 그러면 이게 국가의료보험 문제도 있고 개인도 그렇고 아주 골치 아픈 얘기가 되니까요. 암 재발방지 전문 병원이 제도화된다는 차원에 도달한다면 공신력을 문제 삼기 어럽게 될 것 같습니다.

두 번째, 파이낸스 문제 역시 별로 걱정을 하지 않고 있습니다. 저희가 기존에 전통적으로 갖고 있던 유기농 유통 비즈니스는 앞으로 별로 바람직하지 않아 보입니다. 거기에 직접 역량을 쓰는 게 더 이상은 바람직하지 않을 것 같습니다. 우리가 가진 현실적인 역량의 한계라는 것도 있어서 지금부터는 당분간 선택과 집중을 확실히 해야 할 시기로 좀 넘어간 것 같아요. 뭐가 문제냐면 우리가 지금 다루는 범위가 너무 넓어요. 친환경 유기농도 해야 하고, 제조도 하고 유통도 해야 합니다. 많이 복잡하죠. 거기에 항암, 그다음에 암 재발 방지 이것도 해야 합니다. 결론은 무게중심을 이쪽으로 옮겨야 합니다. 이렇게 하면 파이낸스와 거버넌스 같은 문제도 풀어갈 수 있을 겁니다.

세 번째 난점으로 얘기하신 커뮤니티성 문제를 얘기해보자면, 협동조합 자체가 원래 커뮤니티를 베이스로 하는 건 맞는데…. 생명의 원리라는 것들이 의학계에서는 항상성이라고 부르거든요.

대표적으로 체온을 보면 평균이 36.5도라고 합니다. 근데 35도 정도로만 내려가도 저체온이라 하고, 이게 38도만

넘으면 고열이 되어서 문제가 생깁니다. 적정 온도의 범위가 너무 작은거죠. 무슨 얘기냐 하면 협동조합에서 커뮤니티성이 발휘되는 온도가 있습니다. 저는 지금 전 세계 협동조합에서 커뮤니티성이 발현되는 온도가, 쉽게 얘기해서 전 세계 협동조합들의 체온들이 너무 낮아졌다고 생각합니다. 그들도 뭐냐 하면 한국 사회의 궤적처럼 각 국가의 경제가 저성장 시대가 되면서 거의 생존 중심으로 모든 것들이 적응하다 보니까 이 커뮤니티성이 발현되지 않는 것 같아요. 협동조합도 생존하기 바쁜 상태인 거죠.

김아영 단순한 공동 구매 비즈니스 정도로 변했다는 말씀이신 거죠?

신성식 커뮤니티성이 협동조합이라는 개념에 있는 게 맞습니다. 그런데 그게 항상 제대로 발현되는 것이 아니더라고요. 그게 발현되기 위해서는 즉, 항상성을 유지하기 위해서는 조건들이 있는 있는데, 체온이 식어버리는 겁니다. 체온이 낮아지면 결국 그게 발현되지 않죠. 우리 몸하고 똑같습니다.
초기 협동조합의 공동구매사업과 제조업 등은 부가가치가 높고 수익성이 좋았습니다. 그래서 빠르게 성장할 수 있었고, 이웃을 돌보는 커뮤니성이 발현되었습니다. 2차 세계대전 이후의 협동조합 사업은 부가가치와 수익성이 낮아지면서 협동조합의 커뮤니티성이 약해지기 시작했고 지금은 거의 사라져 버렸습니다. 커뮤니티는 조합원과 협동조합의 관계가 아니라 조합원과 조합원의 유대관계가 본질입니다. 지금 조합원과 조합원의 관계는 '내돈내산', '각자도생'입니다. 내 돈이 이웃을 위해 쓰이는 걸 못 견디는 상태가 되었습니다.

커뮤니티성 논의에 윤리적 삶과 존엄한 죽음에 대한 고민 포함시키기

이일영 이제 힐링 개념을 도입하신 거잖아요. 저도 나이를 먹어가면서, 학생들이 일찍부터 건강 문제에 대한 관점을 지니는 게 좋겠다 싶은 생각이 들었습니다. 그래서 '식품건강사회'라는 제목의 교양 강의를 하기도 했습니다. 강의 첫머리에 건강이란 게 대체 무엇을 말하는가를 토론했는데, 이게 굉장히 철학적인 질문이에요.

건강이란 게 삶과 죽음 사이에 있고, 결국은 사는 게 뭐고 죽는 게 뭐냐 하는 문제에 닿아 있습니다. 건강에 도달하는 방식도 여러 길입니다. 크게 보면 큐어_cure_를 한다는 개념하고 케어_care_를 한다는 개념은 갈래가 다릅니다. 케어를 하는 거는 잘 죽는 것까지 포함되어 있고, 윤리적 도덕적인 요소도 포함됩니다. 도덕적인 삶이 잘 죽는 거다, 이런 걸로 되더라고요.

케어와 큐어는 전통시대에는 상당히 겹쳐져 있었는데 근대에 들어오면서 확연히 분리되었습니다. 큐어는 의사가 맡고, 케어는 방치된 부분이 많습니다. 예수님 같은 분은 큐어에도 뛰어난 능력이 있었지만, 결국은 이 세상 너머 저 세상까지 연결되는 케어의 영역에 능력을 보인 분이죠. 히포크라테스 같은 사람만 하더라도 양 쪽 영역에 모두 걸쳐 있는데, 큐어 영역을 확장한 공로가 있다고 볼 수 있겠죠.

요양병원 얘기를 하면서 암부터 시작한다고 하시니까, 죽음까지 통합하는, 그러니까 뭐랄까, 삶의 윤리성 같은 것을 좀 염두에 두는 게 좋겠다 싶습니다. 그러니까 커뮤니티성이 무엇인가 하는 논의를 할 때, 삶의 근본 문제도 숙고해보는 게 좋겠습니다. 결국에는 우리가 돌아볼 인생의 본질이라는 게 있겠죠. 공동체 속에서 함께 살다가 공동체 속에서 환송을 받고 떠나는 것, 그런 것이 잘 살고 잘 죽는 것이다, 이런 모델을 만드는 게 필요한 것 같습니다. 너무 프로그램, 비즈니스 이런 쪽 얘기로만 가지 말고요. 물론 그런 걸 잘해야 하겠지만 거기에 더해서, 힐링의 본질적 의미를 단단히 하는 작업에도 힘을 기울일 필요가 있을 것 같습니다.

신성식 그래서 라이프케어운동에서 하려고 하는 것 중 하나가 해외 리조트입니다. 일본 삿포로 쪽에서 리조트를 준비하고 있습니다. 우리 치유센터나 요양병원에서 암 치유 프로그램을 끝낸 사람들이 놀러 다니고 싶고, 놀러 가서도 잘 쉬고 싶을텐데 마음 편하게 가서 쉴 데가 없습니다. 해외로 가고 싶은데. 가면 먹거리부터 모든 게 다 바뀌니 불안할겁니다. 그런데 딱 가면 내가 집에서 먹고 있던 것들이 그대로 다 서비스가 되고 의료적인 것도 다 갖춰진, 그런 리조트가 있다면 얼마나 좋겠어요. 이걸 조금만 확장해 보면 우리가 아까 얘기했던 삶의 질*quality* 문제를 확보할 수 있는 거 아닌가 싶습니다. 휴가 피크 때는 젊은 사람들이 쓰면 되고 일하는 주 단위로 보면, 젊은 사람들은 주말에 주로 쓰면 됩니다. 주중에는 노년층이 아주 적은 비용에 쓰면 되고. 이런 방식이 가능할 거라고 생각합니다. 이것 역시 라이프케어에 포함될 겁니다.

김종걸 여기에 대해서는 제가 판단하기가 참 모호한데 그냥 머릿속에 생각나는 것만 한번 말씀드려볼게요. 그러니까 커뮤니티성이란 나의 문제를 다른 사람과 같이 풀어가는 거거든요. 그런데 그게 협동조합이에요. 협동조합은 기본적으로 커뮤니티인 거죠. 그런데 기존의 협동조합에다 새로운 커뮤니티성을 넣었다는 얘기는, 협동조합의 6원칙과 7원칙을 좀 더 강화한 방식의 협동조합을 만들겠다는 정도의 선인지 아니면 좀 다른 콘셉트를 갖는 것인지를 잘 모르겠다. 왜 그러냐 하면, 지금 이건 두 번째 문제인 파이낸스 문제하고도 연결이 되는 건데…라이프케어 협동조합 조합원이 현재 3,500명이고, 3,500명이 1인당 300만 원씩 출자비를 낸다고 할지라도 100억 정도밖에 안 됩니다….

출자금 100억 정도의 돈으로 지금 라이프케어 협동조합에서 벌이고 있는 이 각종의 사업들이 가능할지 제가 판단을 못 하겠어요. 만약에 이것이 안 된다 그러면 거대한 출자자가 외부에 있어야 하고, 그 거대한 출자자가 만약에 아이쿱이라면 아이쿱하고의 이해관계 충돌이 벌어질 수밖에 없어요. 그랬을 때 이걸 커뮤니티라는 언어로 덮어씌우는 순간부터 일종의 로버트 오웬R. Owen의 난점이 그대로 반복되는 거예요.

저는 로치데일Rochdale 원칙이 성공한 이유는 딱 하나라고 봐요. 그것은 바로 출자자, 즉 조합원 우선주의이에요. 제가 알고 있는 로치데일은 적어도 로버트 오웬과의 단절 속에서 나온 거거든요. 로버트 오웬주의자들이 워낙 이상주의자였으니까. 이런 전제 위에서 외부와의 협력을 점차 확대해 나간 것이죠. 지금의 라이프케어 협동조합이 그 방식으로 이해될 수 있는 건지 아닌지가 잘 모르겠습니다.

신성식 협동조합 7원칙에서 더 나가자는 게 아니고요. 아까 교수님이 정의했듯이, 커뮤니티 협동조합의 커뮤니티성이라는 것이 나의 문제를 다른 사람하고 같이 해결하는 거라고 할 때, 같이 해결한다는 게 도대체 뭘까 인데, 거기서 같이 해결한다는 것은 결국 돈도 같이 내고 일도 같이 해야 한다는 겁니다. 근데 지금 협동조합은 같이 돈을 내는 것만 하지 같이 일하는 게 사라졌다고 생각합니다. 제가 보기에는 지금의 협동조합은 근본적으로 거기에서 문제가 생겼어요. 생산현장에서 같이 일하는 것만 일이 아니고, 일의 형태와 종류는 매우 다양할 수 있습니다.

김종걸 하긴 그래요. 저도 출자금 320만 원인가 냈는데 어떤 모임에도 안 가긴 해요.

신성식 그러니까 로치데일 시대에는 같이 일을 했어요. 같이 점포도 돌보고 같이 일을 했어요. 그러니까 저희가 지금 하려고 하는 건, 아까 인센티브를 주겠다는 거는, 일을 같이하려고 하는 거예요. 그게 경제적인, 비즈니스적인 일이 될 수도 있지만, 아무튼 같이해야 합니다.

지구를 위해서, 예를 들어서 커먼 베네핏*common benefit*을 위해서 일을 하는 겁니다. 그리고 일의 정도에 따라서 베네핏을 훨씬 더 많이 주는 방식을 도입하는 거예요. 역사적으로 볼 때는 다시 과거로 간 거지요. 여기에 더 충실해야 합니다. 안 그러면 실질적으로 지금처럼 조합원이 돈만 내게 될 겁니다. 결국 모든 것들이 그냥 구매에 머물게되죠. 거래 관계에 머물러 있다니까요. 협동조합에서 커뮤니티성이 사라지게 된 게 구매 행위만 남아서 그렇습니다. 저희가 봤던 고민의 핵심입니다. 이 문제를 해결하면 라이프케어가 가능하죠.

아이쿱에는 구체적으로 법인격으로 의료사협이 있고 소비자 생협이 있습니다. 2022년 12월을 기준으로 의료 사협 조합원이 약 1만 5천 명, 생협 조합원이 30만명이었어요. 올해는 약 3만 5천 명 정도 신규 조합원이 가입을 했는데, 거의 65% 이상이 의료 사협을 선택했습니다. 그리고 기존 생협 조합원들도 의료사협으로 넘어오고 있습니다. 왜냐하면 의료사협에서는 먹거리도 되면서 병원 혜택, 그러니까 의료적 혜택도 받을 수 있거든요. 근데 기존의 소비자 생협은 먹거리 중심으로만 서비스가 되잖아요.

의료사협 쪽이 훨씬 더 베네핏이 많으니까 기존 생협 조합원도 의료사협을 선택하고 있습니다. 이렇게 중심이 바뀌면 몇 년 후 의료사협 조합원이 전체 조합원의 70~80%가 될 겁니다. 그러면 파이낸스 문제가 해결될 것입니다.

김종걸 그러면 해결되겠네요. 사실 저는 골든 타임이 얼마나 남았느냐 이 얘기를 하고 싶었던 겁니다. 그런데 작년부터 올해까지 참여자가 3,500명에서 1년 만에 1만 5천 명이 됐다고 들었고, 그러면 문제가 없는 걸로 봅니다.

신성식 최근에 재밌는 일이 하나 있었습니다. 의료사협 관계자가 라이프케어운동에 대해 부정적이던 태도를 최근에 바꿨는데 그 이유가 뭔고 보니까, 대학 시절 친구가 현재 대규모 병원에서 의사를 하는데, 괴산자연드림파크에 와서 둘러보다가 우리 V&B 연구소_Virus and Bacteria Research Institute_에 들어가 본 겁니다. V&B 연구소에서는 그동안에 식품 검사를 중심으로 하다가 요즈음에는 혈액 검사, 소변 검사뿐만 아니라 암세포 실험까지 하고 있거든요. 그 의사 친구가 우리 장비들이나 시스템을 보더니 이건 상당히 퀄리티 있게 하는 거다, 이런 정도의 장비로 하는 데이터는 믿을 수 있다, 그렇게 평가했다는 겁니다. 그리고 암 재발 방지가 시스템적으로 지금 한국에는 없는데, 그런 점에서 볼 때 아이쿱이 라이프케어의 콘셉트를 잘 잡은 거다. 그리고 항암식품 필요하다. 이렇게 공신력 있는 제3자가, 전문가가 정리를 해준 거죠. 그 얘기를 듣고 의료사협 관계자가 생각을 바꿨습니다.

그러면서 우리 보고 협약을 맺자고 제안했죠.

협동조합을 협동조합답게 하려면 참여가 정답

김아영 신 자문위원님 말씀 중에 궁금한게 있습니다. 협동조합의 커뮤니티성이 발현되는 온도가 너무 낮다고 말씀하셨는데요. 그러면 결국 온도를 높여야 된다는 건데..

신성식 온도를 높이려면 움직여야 하잖아요. 그런데 조합원들이 돈만 내고 안 움직입니다. 조합원들이 움직여야 합니다. 조합원들이 활동하고 참여하면 체온이 높아지게 됩니다. 예를 들어, 캠페인에 참여하는 거지요.

김종걸 근데 참여 문제는 사실 아이쿱이 이전부터도 중시하던 과제 중의 하나잖아요. 그러니까 실질적으로 조합비 제도도 만들어서 참여하게 만들고. 그다음에 책임투자도 하고, 그다음에 지역조합이랑, 전체 대표자 회의인가 아무튼 그 안에서 이사도 뽑고 와글와글 발언하고 그거 다 참여잖아요. 그 참여가 지금의 라이프케어 협동조합에서 하는 참여와 뭐가 달라요? 새로운 이름을 붙이려면 이름에 걸맞은 무엇인가를 넣어야 한다고 저는 생각합니다만.

신성식 힐링, 쿨링 인센티브를 얘기해볼 수 있겠는데, 이전과는 참여에 대한 측정 여부 *measuring* 가 다른 거예요. 기존에는 조합원들이 캠페인에 참여했을 때, 측정한 적이 없거든요. 그런데 이제는 카운트를 하려고 합니다. 그에 따라 인센티브가 달라지구요.

김종걸 그런 방식으로 무엇인가 활동력이 제대로 정비된 협동조합을 지향하겠다는 것으로 이해하면 되겠군요.

신성식 눈에 보이게 만들려는 거지요, 예를 들어서 내가 플라스틱 쓰지 말자는 캠페인을 했다고 치자고요. 그리고 내가 예를 들어 라이프케어에 한 달에 조합비 30만 원을 냈다고 하면, 그럴 경우 캠페인만 열심히 했을 뿐인데도 인센티브가 30만 원이 된다는 것을 보여줘야 한다는 거예요. 참여자들이 인센티브를 쉽게 계산하게 만들려고 하는 거지요.

그리고 자기 몸 관리를 어떻게 하고, 채식을 얼마나 했는가 이런 게 데이터로 나오는데, 거기에 따라서 인센티브를 주는 겁니다. 이것을 최소 2배에서 시작해서 나중에 효율이 높아지면 크게는 3배까지 높이려고 합니다. 30만원을 내고 최대 거의 90만원까지 이용할 수 있게 되는 거지요.

사회적 관계의 붕괴에 대한 해결 방안과 협동조합, 그리고 라이프케어

김아영 처음에 교수님들께서 말씀하셨던 사회적 관계의 붕괴에 대해 조금 더 이야기를 나눠보면 좋겠습니다. 심정적으로 사회적 관계가 붕괴됐다는 위기감을 많이들 느끼고 있는데요. 사회적 관계를 어떤 방식으로 회복할 수 있을까요? 신자문위원님은 조합원들이 참여에 대한 효능감을 느낄 수 있도록 눈으로 확인하게 하고 실제 편익으로까지 이어지는 시스템을 만들겠다는 말씀하셨습니다. 이제 그러면 교수님들께서 말씀하셨던 사회적 관계의 붕괴를 회복시키는 방법에 대해서 생각하시는 게 있을까요?

김종걸 근데 사회적 관계 붕괴는 어제오늘의 얘기가 아닙니다. 예컨대 토크빌A. de Tocqueville은[39] 〈미국의 민주주의〉에서 미국 사회는 경제적으로 풍족하고 민주주의도 발전해있는데 개인은 저마다 자신의 '소확행'[40]의 세계에 들어가서 서로 간에는 단절되어 있더라고 분석했잖아요. 우리나라의 요즘 젊은이들이 다 소확행 속에 빠져버린 거 아닐까요? 그러다 보니까, 힐링이 어떻고 효능감이 어떻고 이런 단어들만 중요하고요. 근데 기본적으로 그런 사회를 어떻게 깨부술 수 있을까에 대한 유일한 해법은 뭐냐 했더니, 토크빌도 얘기하고 밀J. S. Mill도 얘기했듯이, 참여밖에 없다는 거죠.

신성식 참여라는 게 움직이는 거잖아요.

김종걸 맞습니다. 움직이는 거예요. 그러니까 참여를 했는데 리워드가 없으면 참여가 안 일어나거든요. 그게 물질적이든 아니면 정신적이든 리워드를 받아야 하니까. 아까 참여하고 그것이 어떤 방식이든 간에 측정되고measure 그다음에 소위 자기한테 이득이 오는, 그런 서큘레이션이 돼야 한다는 거 아니에요? 그러니까 저는 지금 협동조합이 단순하게 물건의 흐름이 아니라 참여를 통해서 사람이 스스로 인간으로서의 자부심을 회복하는 과정이라고 보거든요.

저는 빈민촌인 동자동에 가끔 가서 술 먹고 있지만 동자동 친구들하고 만났을 때 제가 이게 협동조합이구나 생각했던 건 그들이 시끄럽다는 겁니다. 가난한데 사는 게 힘들고 자부심을 잃은 사람들은 시끄럽지 않습니다. 예를 들면 밥을 사거나 무언가를 사서 주면 그저 감사합니다만 얘기하지, 다른 말이 없어요. 근데 이 사람들은 무진장 할 말이 많습니다. 어저께 이사회는 어떻고 거기서 어떤 사람은 어땠고 등등 수없이 말을 해요. 왜냐하면 가난하고 힘든 사람이지만 그들은 협동조합이라는 조직의 감사도 하고 있고 이사장도 하고 있고 이사도 하고 있고 교육부장도 하고 섭외부장도 하고 있거든요. 이게 참여의 기능이에요. 생각해보면 협동조합의 최대의 역할은 모든 사람이 자기 인생의 주역이 되게 하는 것 같아요. 주역은 참여해야 하거든요. 동원되어서 자리만 차지하는 게 아니니까요.

신성식 아이쿱의 근 30년 역사를 보면 최대한으로 조합원 1만 명 정도의 참여가 가능하더라고요. 자발적으로, 리워드 없이,

논 비즈니스적 개념으로 해서요. 협동조합 평균으로 보면 굉장히 높은 수치라고들 말하지만, 저는 생각이 다릅니다. 너무 적습니다. 지금 이 정도로는 안 된다는 게 제 생각입니다. 근데 다들 이게 현실적으로 높은 수준이라고 합니다. 김 교수님이 말씀하신 참여하는 분의 모습이 우리로 보면 1만 명인 이 사람들의 모습이 딱 그랬거든요. 뭐만 하면 막 모이고 그랬다니까요. 그러니까 정태인 선생님이 어디 강연 갔을 때, FTA 관련 강연 다닐 때, 그때 좌석의 반 이상이 우리 활동가들이었습니다. 특히 지방에는 단체들이 사람이 없으니까. 결국은 지방에서는 무슨 행사 하면 다 우리한테 연락이 와요, 그런데 저는 그게 너무 작다고 생각합니다. 참여율이 3%에 불과해요. 이것을 30%까지 끌어올려야 합니다.

덧붙이며 토론 마무리하기. '어떻게' '같이' 살 거냐는 절박한 문제 해결을 위하여

이일영 커뮤니티 얘기 그 부분을 계속 다듬어야 할 것 같아요. 체온을 높여야 한다, 활동량을 높여야 한다, 운동성을 강화해야 한다, 이런 얘기들이 나왔는데요. 커뮤니티성이 무엇인지, 구체적인 사업 실천 속에서 커뮤니티성이 어떻게 실현되는 것인지 논리화하는 작업도 중요하다는 데 의견이 모아진 것 같습니다.

그리고 협동조합의 역할도 커뮤니티와 관련된 것입니다. 단순하고 쉽게 말하면, 같이 잘 살자는 것이겠죠. 경제민주화를 대안으로 놓고 협동조합이 그 일환이 된다, 민주주의의 학교 역할을 한다, 이런 얘기는 혼란과 분열이 가속화되는 현재의 시대 상황과는 잘 부합되지 않는 것 같습니다.

지금 어떻게든 같이 생존하는 방식을 찾아내는 것이 핵심 과제입니다. 그러면 어떻게 같이 살 거냐, 그런 얘기를 해주는 게 필요하겠죠. 협동조합에서는 커뮤니티의 체온과 활동량을 어떻게 높일 것이냐가 중요하다는 것으로 이야기가 모아졌는데요. 저는 사회 시스템으로, 정치적 경제적 이념으로 풀어쓰면, 그걸 '공화'라고 말할 수 있다고 생각합니다. 공화라는 말, 어렵기도 하고 쉽기도 합니다. 대한민국은 민주공화국이다, 그 누구도 이걸 부정하긴 어렵단 말이죠. 근데 그러면 이제 그 공화를 어떻게 할 거냐? 대한민국 차원에서도 함께 잘 지내는 공화를 해야 하고, 세계적으로도 공화를 해야 한다는 거죠. 그게 보편적 세계주의 사상인 거고, 우리가 세계로 뻗어나가는 걸 정당화하는 논리라고 생각합니다. 국내적으로 세계적으로 우리가 같이 사는 이웃, 파트너를 생각해보자는 거죠.

그다음에 아까 청년, 노년 등 세대 얘기했지만, 지방 소멸 문제도 중요하다고 생각합니다. 지방은 이제 거의 죽어가고 있어서, 심각한 문제입니다. 그러니까 지금 어떻게 지방, 지역, 이런 데에 거점을 만들어야 하느냐가 핵심 문제입니다. 기존 정책은 귀농, 귀촌, 이런 식이잖아요. 근데 그것이 너무 산발적이고, 유턴하는 경향도 많고요. 그래서 지금 모델이 필요한 것 같아요. 구례나 이런 데서 지방 거점화에 성공하는 모델, 지속 가능한 모델을 만들어주면 좋겠다는 겁니다. 우리 같은 도시 사람도 지역에서 함께 사는 뭔가를 해볼 수 있게 말이죠.(웃음)

김종걸 교수께서도 퇴직 후 경제적 여건 때문에 서울 살기 어려운 게 현실이라고 하셨는데요. 거의 모든 사람의 노후가 불안합니다. 이제 우리 사회가 전체적으로 고도성장을 하고 도시화가 진전되는 일은 더 이상 일어나지 않는다고 봅니다. 오히려 기존 사회가 붕괴하는 쪽으로 가고 있다고 볼 때, 어떻게 질서 있게 퇴각할 거냐, 전환할 거냐 하는 것이 문제인 것 같아요. 근데 지금은 퇴각하다가 다 무너지는, 어떤 극장에서 막 나가다가 밟혀 죽는 형국인 거잖아요. 어쨌든 그런 문제를 국가가 해결해 줄 것 같지 않아요. 돈은 쓰는데, 지금 관리 시스템도 붕괴돼 있고, 그저 각자도생 하라는 것이죠. 정치권은 물론이지만, 지식인 사회도 부끄럽죠, 지금 아무 아이디어가 없잖아요.

김아영 아무 아이디어가 없다는 게 절망적입니다.

이일영 어떻게 우리가 같이 살 거냐? 이게 지금 굉장히 절박한 문제입니다. 아이쿱이 암 재발방지 사업을 하신다고 합니다. 백면서생 처지이지만, 조언들 드려볼까요. 저는 기존에 하던 것이건 새로 하는 것이건 진전되는 게 없으면 그 사업은 떠나야 하는 게 맞다고 생각해요. 문인이 무인들에게 하는 얘기입니다.(웃음) 무인들은, 사업을 하는 사람들은, 싸움하는 장수들은 한 군데 진을 치고 있으면 안 됩니다. 환경은 자꾸 변합니다. 적응하거나 극복해야 합니다. 영화 〈최종병기 활〉에 엄청난 대사가 있죠. "두려움은 직시하면 그뿐, 바람은 계산하는 것이 아니라 극복하는 것이다." 저는 계산해서 적응하고 그러면서 극복하는 것이라고 생각합니다. 가만히 앉아서 바람을 맞으면 안 되겠죠.

지금은 분명히 굉장히 중요한 전환이, 역사적 전환이 이루어지는 시기이고, 우리는 이 속에서 또 살아내야 합니다. 그런데 사회 시스템을 바꾸려고 하려면 너무 많은 걸 바꿔야 하고, 사람들이 일상 속에서 실천하는 게 굉장히 어렵죠. 근데 그 어려운 걸 같이 할 수 있는, 일상에서 어려움을 함께해낼 수 있는 그런 거점이 필요한 건 맞는 거 같습니다. 저는 노아의 방주 얘기를 했고, 아이쿱에서는 커뮤니티를 다시 얘기하고 있네요.

라이프케어라고 하는 게 적절한 말인지는 잘 모르겠지만, 우연인지 어쩐지 아이쿱에서 케어라는 말을 썼습니다. 케어라는 말은 사회복지 쪽에서는 많이 쓰고 있지만, 깊이 탐구를 해봐야 할 것 같습니다. 상당히 의미심장한 얘기입니다.

아까 돌봄 얘기도 하셨습니다. 케어를 돌봄으로 번역하는 게 맞나 싶기도 합니다만, 이제 노인들이 워낙 많아지니까 어쩔 수 없이 돌봄 문제가 엄청난 규모가 되고 있는 것 같아요. 라이프케어에서 역점을 두고 벌인 사업이 요양병원 짓는 것이고, 거기에다가 이제 식품까지 관리하는 일도 같이하는 것인데, 암 재발 방지가 이제 세계적으로도 지역적으로도 보편적인 프로젝트가 됐으면 하는 그런 기대가 생깁니다. 잘 해내시길 바랍니다.

신성식 그러니까 이 사업의 핵심이 요양병원인데, 자기가 걸을 수 있거나 운동할 수 있는 사람만 입원할 수 있습니다. 암 수술 끝났다고 무조건 수용하는 게 아니라 걷지 못하고 휠체어 타고 하는 경우는 입원할 수가 없습니다. 다른 이유가 아니라 우리 프로그램은 운동을 시키는 일이 중요한데 그것을 못 하면 안 되기 때문이지요. 재발 방지를 위해 요양병원에서 머무는 기간을 평균 3개월로 잡고 있습니다. 두 순배 돌아가는 내년 6월이면 이 사업에 대한 결론이 날 겁니다. 요양병원은 병상이 107개밖에 안 되는 어찌 보면 작은 병원인데, 아무튼 여기 들어가려고 줄을 서는 사태가 날 거라고 저는 봅니다.

재발 방지도 예방입니다. 예방의 중요성과 이점이 현실적으로 보여주는 사례가 될 수 있습니다. 이는 질병만이 아니라 사회 모든 문제에 대해 사후 약방문이 아니라 예방이 중심이 되는 사회가 되는데 큰 계기가 될 수 있습니다. 또한 협동조합이 공동 사업이라는 거래 관계에서 '돌봄(케어)'이라는 유대 관계 — 커뮤니티성의 회복 — 로의 전환을 가능하게 해줄 겁니다. 그런 일—활동을 하는 곳을 '커뮤니티 협동조합'이라고 부를 수 있을 겁니다.

김종걸 저는 오늘 그냥 예측 가능한, 염려할 만한 사항들. 실제 알아서가 아니라 그럴 수도 있겠다라는 가능성에 대해서 얘기를 했던 건데, 그런 과정에 설명을 잘 들어서 앞으로 아이쿱이 잘 되겠구나 하는 생각이 들어서 기분이 좋습니다.

앞으로 아이쿱은 뭘 해야 할까요? 아이쿱이 미래 대한민국에서 어떻게 중심을 잡고 갈까가 오늘 대담의 핵심 중 하나인데 제가 오늘 얘기를 쭉 들으면서 아이쿱에게 박수 칠 수 있겠다 싶습니다. 아이쿱은 운동단체 이전에 비즈니스 단체입니다. 그러니까 새로운 시장에 민감하게 반응해야 하고, 주력 상품들을 끊임없이 시장 상황에 따라서 바꿔 나가야 하는 겁니다. 조합원 중에는 책임지지 않는 사람도 꽤 있을 것이니 전체를 책임지고 있는 일부의 엘리트들 소위 말하는 지도자들이라고 얘기하고 있는 사람들은 비전을 제시하고 시장을 바꿔나가야 하는 건 분명한 거예요. 어쨌든 간에 건강 비즈니스라고 얘기하는 건 앞으로 굉장히 중요한 산업이 될 것입니다.

아이쿱은 기존에 있는 네트워크망, 조합원 거기에 더해서 신뢰, 여기에다가 지금까지 쌓은 치유와 관련된 각종의 노하우, 이것들을 한 번에 엮는다면 어느 정도 비즈니스가 성공할 것 같군요.

`이일영` 헬스케어가 지금 한국 정부의 5대 중점 사업이에요. 산업정책에서 다루는 지원 대상 5대 산업 정책에 들어갑니다.

`김종걸` 아이쿱 경영진 쪽에서 좀 더 구체적인 형태로 잘 고민해서 가실 걸로 믿습니다. 그런데, 아까 처음에 얘기한 문제가 있잖아요. 아이쿱은 대한민국 변화의 중심에 서야 하고 대한민국에 희망을 줘야 한다. 그런데 아이쿱의 사업이 성공해도 대한민국 전체 희망의, 1% 미만일지도 모릅니다. 1%를 어떻게 60%, 50%까지 늘려갈지를 생각하면, 아까 돌봄이라는 영역에서 다시 한번 사업을 확대시키든가 해야 할 것입

니다.

 자연드림파크 외에도 병원을 짓겠다고 하는 네 군데 센터에 더해서, 가령 동자동 쪽방촌 같은 곳 한가운데다가 조그마한 의료사협이라도 하나 만들어서 그들과 함께해 나가는 일을 같이하지 않으면 세상 바꾸는 거랑 동떨어져 버리지 않을까 우려됩니다. 이 밸런스를 좀 맞춰줬으면 좋겠다는 말씀도 덧붙이고 싶습니다.

이일영 저는 아이쿱에서 노아의 방주, 대안적 비전에 대한 그림도 그려주시길 기대합니다. 커뮤니티, 활동성, 운동성 이런 거 얘기하셨고, 돌봄까지도 거론하셨어요. 모두 다 대안적 모델의 요소가 될 수 있는 것들입니다. 모두가 아주 중요하다고 하는 산업들, 그에 대한 산업 정책은 주류 흐름에서도 이야기를 하고 있어요. 그 흐름을 타면서 대안적 모델을 만들어가는 시도가 필요하다고 생각합니다.

 그러니까 예를 들면 인공지능(AI), 이런 얘기가 나오고 있는데, 이럴 때 그냥 멀뚱멀뚱하고 있어서는 변화의 흐름에서 금방 밀려납니다. 밀려나지 않으려면 거기에 대해서 발언하고 개입해야 하는데, 그러려면 그 분야에 대해 실력이 있어야 하는 거잖아요. 아이쿱은 지금까지 농식품 쪽을 중심으로 해서, 유통과 생산, 제조까지 해본 경험이 있습니다. 이제 헬스케어라는 개념도 꼼꼼히 살펴보시고, 어떤 대항적인, 대안적인 산업을 만들어갈지 고민을 다듬어야죠. 그런 고민이 새로운 지역 거점을 만들어가는 실험에 녹아 들어가면 좋겠다 싶습니다.

마지막으로 몇 가지만 얘기를 덧붙여 볼게요. 아이쿱이 어쨌든 지금 항암식품 이런 식으로 가잖아요. 항암식품이라는 용어에 대해, 식약처에서 그렇게 표현해도 된다고 답변받으셨다고 하셨습니다. 그 대목을 좀 더 착실히 따져 보셔야 할 것 같습니다. 관련해서 표준으로 삼는 미국 NCI에서[41] 얘기하는 콘셉트를 계속 스터디를 하시는 게 좋겠고요. 그리고 주신 자료를 보니까 여러 만성질환에 대한 적용을 이미 검토하셨다고 합니다. 치매, 당뇨, 이런 거 다 검토해보고 일단 암부터 시작한다고 하신 거잖아요. 비만도 검토를 하신 것 같고요. 그리고 식품 관련해서 여러 범주가 있습니다. 식품, 기능성 식품, 메디컬 식품 등이 있습니다. 최종 단계에 가면 보테니컬 드럭[42]에 도달하는 거죠. 이것은 약리가 비중이 커진 그런 부분이겠죠. 그래서 항암식품의 단계를 어디에 위치시킬지를, 식품 분류를 염두에 두셔서 고민해보시는 게 좋겠다는 생각을 해봅니다. 그리고 라이프케어의 핵심을 수술 후 치료, 치료 플러스 치유라고 하고 계십니다. 사업이 커지면 부딪칠 문제인데, 개념적으로 치료냐 치유냐, 예방이냐 관리냐 하는 부분들을 잘 정립하시는 게 좋겠다 싶습니다.

신성식 라이프케어는 전반적인 삶을 상호호혜의 원칙으로 뒷받침하자는 운동입니다. 현재 시작 단계에서 암 재발 방지 운동을 하는 것이고, 수술이 끝나고 요양병원에서는 3~4개월간 집중 케어를 하고, 그 이후 최소 2년까지는 집에서 치유 프로그램을 통해 암 재발률을 90% 낮추는 걸 목표로 합니다. 이것을 위해 실천 효과를 높이고, 재정적인 부담을 낮추기 위해서는 공제, 상호부조가 필요합니다. 실천을 잘하는 사람이 치유 비용도 낮아지는 방식입니다. 그래서 협동조합의 사업 범위가 공동구매, 의료, 여행, 교통, 공제 등 치유에 필요한 모든 걸 포괄할 수 있어야 합니다. 이 사업의 연결하고 작동시키는 중심은 공제(상호부조)가 되어야 하고, 상호부조에는 내돈 내산 소비구매 방식이 아니라 나와 이웃을 위한 연대(유대)기금이 중심이 되어 작동될 때 커뮤니티 협동조합이 될 수 있을 겁니다.

이일영 어쨌든 이름을 라이프케어라고 지었잖아요. 라이프케어라고 이름 지었는데, 거기에 어느 단계에서는 치료도 들어간다는 것 같습니다. 추후에 혼선이 생기지 않도록 개념과 논리를 단단히 다져놓으면 좋겠습니다. 사업이 좀 커지면 이 대목에서 시비가 붙는 시기가 올 것 같습니다.(웃음)

김종걸 마지막으로 한마디만 더 할게요.

　이미 할 얘기는 다 했지만, 비즈니스 얘기도 다 했고 시장 얘기도 했고 다 했어요.

　운동 얘기도 했고 커뮤니티 얘기도 했는데. 이제 조금 더 외곽의 큰 운동을 한번 생각해봅시다. 크게 얘기해서 ESG[43]에요. ESG라는 개념으로 어떻게 전체적인 플랫폼을 만들어나가고 아이쿱이 어떤 역할을 할까, 이런 구상이 필요합니다. 지금 아이쿱의 운동 방식은 사회적경제라는 조그마한 틀 속에서 있는 것으로 보입니다. 좀 더 외연을 확장했으면 합니다. 사회적경제만이 아니라 국내외의 대기업, 중소기업

등 다양한 액터들과 함께 좋은 협력의 플랫폼을 만들어가는 것, 그 플랫폼에 아이쿱이 중심이 되었으면 좋겠습니다.

김아영 이야기를 나누다 보니 어느새 시간이 많이 흘렀습니다.
오늘 대담의 주제에 대해 진지하고 허심탄회하게 말씀을 나눠주셔서 감사합니다.

(편집: 염찬희)

1 아이쿱생협의 전신

2 차형석(2017), 『아이쿱사람들: 협동조합의 문을 열다』, 알마, 87쪽

3 앞의 책, 128쪽.

4 '무항생제 소뼈' 허위 표시, 사골곰탕 납품업자 적발(「MBC」, 2016.11.30), '무항생제' 허위표시 사골곰탕 304t 유통(「KBS」, 2016.11.30), '무항생제' 허위표시 사골곰탕 300여톤 유기농 매장에 유통(「서울경제」, 2016.11.30) 등.

5 국제수역 사무국(OIE)은 10일(현지시간) 독일과 오스트리아, 스위스, 크로아티아 정부가 야생 조류에서 변종 조류독감(AI)이 발생한 것을 확인했다는 공식 보도를 발표했다. 한편 유럽 내에서 AI가 발생했다고 보고한 국가는 모두 6개국으로 늘었다.(유럽 AI 확산, 네티즌들 "우리나라는 안전한가"부터 "갑자기 무슨 일이람", 「세계일보」, 2016-11-11)

6 충북 음성에서 조류인플루엔자(AI)가 발생해 비상이 걸렸다. (충북 음성 조류독감 확진…방역 비상, 「경향신문」, 2016.11.17.) 음성에 이어 33km 떨어진 청주에서도 조류독감이 발생하자 방역 당국은 예찰 활동을 강화하고 있다…. 농가 주변 닭·오리사육 농가 9곳의 닭과 오리 24만 3,300마리를 살처분하고 있다. 또 이 지역의 가금류 입식·반출도 금지 범위를 10km에서 15km 이상으로 확대하는 것도 검토 중이다. (음성에 이어 청주까지…충북 AI 방역 비상, 「경향신문」,

2016.11.20.) AI 전국 확산 조짐…위기 경보 격상,「한국일보」, 2016.11.23.

7 "조류독감(AI)이 발생한지 50일 만에 닭과 오리 등 살처분 규모가 3,000만 마리를 넘어서면서 사상 최악의 피해가 발생했다…. 3일 농림축산식품부에 따르면 2일 자정 기준으로 작년 11월 17일 AI 확진 이후 살처분·매몰 규모는 3,033만 마리에 육박했다. 닭이 2,582만 마리로 가장 많으며…. 특히 달걀을 낳는 산란계는 2,245만 마리가 살처분되면서 전국 사육 마릿수 대비 32.1%에 달했으며…."(AI 발생 50일…살처분 3,000만 마리 넘었다,「아시아경제」2017.01.03.)

8 계란 1판에 1만원 넘었다…품절에 구매 제한까지(「아시아경제」, 2016.12.19.), 달걀값 치솟자 대형마트 '1인 1판' 제한… 밥상 한숨 커져(「동아일보」, 2016.12.20.)

9 친환경 계란에 맹독성 'DDT 농약'(「한국경제」, 2017-08-20)

10 '살충제 오염' 달걀 유럽 8개국 유통 확인(「KBS」, 2017-08-11)

11 유럽 '살충제 달걀' 파문 일파만파…국내도 판매 중단(「JTBC」, 2017-08-11), '살충제 달걀' 파문 확산…벨기에산 와플 판매 중단(「MBC」, 2017-08-11)

12 국내산 달걀도 '살충제' 검출…대규모 농가 출하 중단(「MBC」, 2017-08-15), 국내산 달걀서도 살충제 검출…전국 달걀 출하 중단(「SBS」, 2017-08-15), 국내산 달걀서도 살충제 검출…출하 중지(「KBS」, 2017-08-15), 국내 달걀서도 '살충제 성분' 검출…전국서 출하 중단(「JTBC」, 2017-08-15)

13 '닭에 사용 금지' 살충제 검출…정부, 농장 전수검사(「MBC」, 2017-08-15),

14 위험한 살충제 피프로닐…장기간·반복 노출 땐 치명적(「JTBC」 2017-08-15), "달걀 먹어도 되나요?"…유통업계·소비자 '대혼란'(「KBS」, 2017-08-15), 급식 '달걀' 사용 중단…"안전성 검증 후 재개"(「KBS」, 2017-08-17) 살충제 농가 10곳 중 8곳 '친환경 인증'…소비자 경악(「YTN」, 2017.8.17.), '살충제 달걀' 여파로 달걀 판매량 40% 줄어(「MBC」, 2017-08-19)

15 대부분의 언론은 한국독성학회 회장의 인터뷰를 인용하는 등으로 식약처의 인체에 유해하지 않다는 발표를 보도했다. 예를 들면, "매일 2.6개, 36개, 555개 먹어도…" 식약처 발표한 안전 수치(「국민일보」, 2017-08-21), "살충제 검출 계란 5종 조사…독성 있지만, 인체 유해 없어"(「매일경제」, 2017-08-21), 식약처 "살충제 계란, 건강에 큰 위험 없어"(「서울경제」, 2017-08-21), 계란 살충제 성분 3종 추가… "평생먹어도 이상無"(「머니투데이」, 2017-08-21), 〈살충제 계란〉 파문〉 정부 "'DDT 계란' 건강에 큰 문제 없다" 잠정 결론(「문화일보」, 2017-08-21)

16 식약처 "건강에 위해 없어"…소비자 "글쎄"(「KBS」, 2017-08-22)

17 살충제 계란 먹어도 무해? 신뢰 잃은 '뒷북 식약처'(「한국일보」, 2017.8.21.), 전문가 "살충제 계란, 만성독성 문제" "매일 2.6개 먹어도 해 없다"라는 식약처(「경향신문」, 2017.8.21.), 정부 "살충제 계란 매일 2.6개 괜찮아"… 전문가 "섣부른 결론"(「동아일보」, 2017.8.22.), 한국선 먹어도 된다는 피프로닐 계란, 네덜란드는 "장기 섭취 땐 아이에 위험"(「동아일보」, 2017.8.24.)

18 "친환경도 못 믿어" 먹거리 불안 확산(「파이낸셜뉴스」, 2017.8.22.)

19 2017년 아이쿱생협연차보고서, 14쪽.

20 2018년 하반기에만 429명의 체험자가 참여했다(2018년 아이쿱생협연차보고서, 16쪽).

21 식용 소금에 '미세플라스틱' 함유…제거 기술 도입 필요(「서울신문」, 2017.4.11.)

22 수돗물에서 미세플라스틱 검출…美 검출 비율 최고(「MBC」, 2017.9.7.)

23 일부 정수장 수돗물, 먹는 샘물에서 미세플라스틱 검출(「한겨레」, 2017.11.23.)

24 대형마트·수퍼, 10월부터 일회용 비닐봉투 못 쓴다(중앙일보, 2018.5.11.)

25 다큐멘터리 '플라스틱, 바다를 삼키다(A Plastic Ocean)'의 내용을 이미지 중심으로 간략히 소개하면 아래와 같다.

'바다'를 생각할 때 우리가 갖게 되는 이미지는, 아마도 푸른 바다를 배경으로 커다란 고래가 물보라를 일으키며 헤엄치고 있는 모습일 것이다. 바닷속은 형형색색 물고기가 떼를 지어 유희하듯 움직이는 모습일 수도 있겠다.

그러나 현실의 바다는 플라스틱 쓰레기로 오염되어 있다. 몇몇 지역에는 플랑크톤의 개체 수보다 플라스틱이 더 많다. 해양 속 생물은 오염을 피하기 어렵다.

해변가에서 새 한 마리가 죽어간다. 물고기를 먹이로 삼고 살던 새의 위를 열어보니 플라스틱으로 가득 차 있었다. 처참했다. 고래 한 마리가 숨을 헐떡이며 죽어가는 장면도 있다. 가까스로 뭍으로 끌어올려 죽은 고래의 몸 속을 살펴보았더니 6제곱미터 크기의 비닐 시트가 발견되었다. 비닐이 소화기관을 막는 바람에 먹이를 삼킬 수 없어 굶어 죽은 것이다.

26 천일염서 미세플라스틱 검출…한 해 8천 개 섭취 규모(「MBC」, 2018.9.4.)

27 솔트로드 팀장 박신자 인터뷰, "매일 먹는 생수로 나와 지구를 건강하게" (출처: 「라이프인」, 2021.8.30. https://www.lifein.news/news/articleView.html?idxno=12947)

28 현재 상품명 '자연드림 이온 미네랄'

29 클린BV는 4가지 과일(깔라만시, 감귤, 사과, 노니)을 착즙한 주스로 1병*180ml) 당 생물 기준 318.1g의 과일이 담겨있다. 정제수나 합성첨가물 없이 원재료 그대로 착즙하였으며, 한 병으로 채소 과일 하루 섭취 권장량(500g)의 1/2 이상 섭취할 수 있다. 특히 유기산 함량이 높은 깔라만시를 주 원재료로 하였다.(출처: iN자연드림 장보기 창의 〈클린BV〉에 대한 상품정보)

30 클린L&K는 7종의 채소와 과일(사과, 당근, 오이, 미나리, 양배추, 레드비트, 레몬)로 만든 건강 주스다.(출처: iN자연드림 장보기 창의 〈클린L&K〉에 대한 상품정보)

31 Parnell, Edgar 지음, 염찬희 옮김(2012), 『협동조합 그 아름다운 구상』, 그물코.

32 2014.12.17. 개봉. 윤제균이 감독하고 황정민, 김윤진, 오달수, 정진영 등이 출연했다. 소위 '천만관객영화'로 꼽히는 영화. 1,426만여 명이 관람하여 역대 한국 영화 흥행 순위 4위에 올라있다.

33 안석, 박대식, 김경인(2017), 『농촌노인의 의료·복지서비스 이용 실태 및 정책과제 기능장애 노인을 중심으로』, 한국농촌경제연구원, 20쪽.

34 남희수, 진봉희, 이정임(2022), 농촌거주 노인의 죽음 불안이 삶의 질에 미치는 영향, 『농촌지도와 개발』, 29(2), 81-82쪽.

35 안석 외, 앞의 책, 23쪽.

36 이민우, 서기춘, 홍은정(2023), 농촌 노인 1인 가구의 건강, 의료이용 여건에 따

른 의료기관 만족도 영향요인: 2021 농어업인 등에 대한 복지실태조사 결과를 중심으로,『한국지역사회생활과학회지』, 34(3), 458쪽.

37 2023년 7월에 만난 신성식 (재)자연드림유기농치유연구재단 연구자문위원으로부터 아이쿱생협은 지방 커뮤니티를 활성화할 수 있는데 그 하나의 가능성을 구례 지역에서 도전해보고 싶다는 포부를 들을 수 있었다. 그것을 필자는 '구례 실험'이라고 명명하고 싶었다. 사실 그의 실험 목적은 지방 커뮤니티를 활성화하려는 것이기보다는 지방 거주민들 개인, 그들의 삶의 질을 높여서 살기 좋은 지방을 만들고자 하는 것으로 이해하는 것이 더 적합하겠다. 그런데 지방 거주민들이 현실적으로 노인 세대가 다른 세대에 비해 많고, 그러다 보니까 노인에 초점을 맞추게 되고, 그들의 삶의 질을 높이기 위해서 그들이 필요로 하는 수단을 포함한 실체들을 포진시키는 청사진이 된 것이다. 그리고 그는 그 청사진이 성공 가능성이 크다고 자신한다.

38 편집자 주: 지니 계수(Gini coefficient)는 통상적으로 소득 분배 등의 불평등성을 간접적으로 나타내는 지표로, 전체 소득 계층을 모아놓고 저소득층과 고소득층의 비율을 통해 소득불균등 정도를 계산할 때 쓰이는 계수를 말하며, 이탈리아의 통계학자 코라도 지니(Corrado Gini, 1884-1965)가 1912년 발표한 논문 〈가변성과 가역성〉 'Variabilità e mutabilità' 에 기반한다. 지니계수가 높을수록 소득불균등 정도가 심한 것이고 0에 가까울수록 균등하고, 1에 가까울수록 빈부격차가 심하다는 것을 의미한다. (나무위키 참조.
https://namu.wiki/w/%EC%A7%80%EB%8B%88%20%EA%B3%84%EC%88%98. 23/09/25 접속)

39 편집자 주: Alexis de Tocqueville. 프랑스의 정치학자. 19세기초의 미국 정치·사회 제도를 예리하게 분석했다고 평가받는 〈미국의 민주주의 De la démocratie〉(1

권, 2권, 1835~40)의 저자(다음백과 참조).

40 편집자 주: 소소하지만 확실한 행복
41 National Cancer Institute 국립암센터
42 botanical drugs 식물성 약품
43 편집자 주: Environmental, social and corporate governance의 약어로, 기업의 사회적 책임을 중요시하는 의미로 쓰인다.

부록
iN아이쿱 협동조합이 걸어온 길

<생협 연합조직의 탄생> 1997~2000

1997년
- **8월** 경인지역 생협연대 준비위원회 발족
- **11월** 생협신문 창간

1998년
- **3월** 21세기생협연대 창립

  부평(현 인천아이쿱), 부천, 볕내(현 양천아이쿱), 수원, 안산, 한밭생협 - 6개 생협 참가
- **10월** 주문접수 - 공급 시스템 통일(부천생협, 부평생협)

1999년
- **10월** 수도권 6개 회원 생협 업무시스템 통일

2000년
- **1월** 소비자생협과 생산자단체의 연합조직으로 정책 전환
- **6월** 21세기생협연대 사단법인 인가(농림식품부)
- **12월** 수도권 물류센터 화재 발생

<완만한 성장의 시기> 2001~2004

2001년
- 1월 화재 복구 차입 운동 시작
- 3월 건물 복구 입주식(250명 참석)
- 5월 물품대금 및 조합비 CMS(자동이체서비스) 결제 시스템 도입
- 6월 (사)21세기생협연대, (사)한국생협연대로 명칭 변경
  우리농업지킴이 상조회 창립

2002년
- 11월 한국생협연합회 출범

2003년
- 7월 광주광역시 교육청과 '친환경급식 시범학교' 사업 실시

2004년
- 3월 중부물류센터 개소식(충남 금산)

<도약을 위한 준비의 시기> 2005~2007

2005년
- 5월 친환경유기식품유통인증협회 창립
- 10월 '우리쌀 지키기, 우리밀 살리기 소비자 1만인 대회' 공동개최

| 11월 | 중앙물류센터 개소 |

2006년
5월	수입쌀 반대 - 우리쌀 살리기 대국민 캠페인 개최
	생협연구소(현 아이쿱협동조합연구소) 개소
6월	제1회 한일 논생물 조사교류
9월	고양생협, 자연드림 1호점 매장 오픈
12월	농림부·환경부 공동주최 제3회 친환경농업대상 유통부문 최우수상 수상

2007년
4월	전남물류센터 개소(전남 순천)
12월	한국생협연대 - 충청북도 - 괴산군 친환경식품클러스터 투자협약 체결
	생산자회(현 파머스쿱) 창립

<급격한 성장의 시기> 2008~2014

2008년
2월	(주)한국친환경유기인증센터 친환경농산물 민간인증기관(40호)으로 지정
3월	(사)한국생협연대, (사)아이쿱생협연대로 명칭 변경
	한국생협연합회, 아이쿱소비자생활협동조합연합회(약칭 '아이쿱생협연합회') 로 명칭 변경
7월	유통인증시스템 특허취득(친환경농축산물 혼입방지관리방법)
8월	친환경유기식품 클러스터 추진위원회 출범

| 12월 | 아이쿱생협, 국제협동조합연맹(ICA) 회원 가입

2009년
| 3월 | 생산자회(현 파머스쿱) 사단법인 인가 취득(농림수산식품부)
| 10월 | 아이쿱생협 7만 조합원 특별 증자 운동 실시
| 11월 | 아이쿱생협 - 성공회대 장학후원 양해각서 체결(2010~2014, 대학원 협동조합 경영학과 신설)

2010년
| 4월 | 경남물류센터(친환경농산물 전문물류센터) 개소
| 11월 | (주)한국친환경유기인증센터, '유기가공인증기관' 지정 (농림수산식품부)
| 12월 | (재)이이쿱행복나눔재단(현 (재)한국사회적경제씨앗재단) 설립

2011년
| 5월 | 괴산유기식품산업단지 기공식
     수매선수금운동 시작
| 6월 | 자연드림 100호점 (남원생협) 및 남원센터 복합문화공간 '나:비(飛)' 오픈
| 9월 | 아이쿱생협연대, 아이쿱생협사업연합회로 명칭 변경
     아이쿱식품검사센터 공인 검정기관 승인
| 10월 | 구례자연드림파크 기공식
| 12월 | 필리핀 파나이 지역 'AFTC' 공정무역 마스코바도 공장 준공식
     아이쿱생협연대 생협법 상 사업연합회 설립인가 취득

2012년

- **1월** 쿱스토어 고용창출 100대 우수기업 선정
- **2월** 아이쿱소비자생활협동조합연합회, 아이쿱소비자활동연합회로 명칭 변경
- **4월** 아이쿱생협 한밭센터 개관식
- **10월** 구례 자연드림파크 물류센터 준공
- **11월** 아이쿱생협 상주센터 개관식

2013년

- **1월** 아이쿱생협 독자인증 선포식
- **11월** 아이쿱생협 1% 기념식 및 전국쿱쑈

2014년

- **2월** 아이쿱생협 제주물류센터 준공
  - 아이쿱생협 - 한신대 대학원 장학후원 양해각서 체결(2014~2018)
  - 아이쿱생협 - 성공회대 대학원 장학후원 양해각서 체결(2015~2019)
- **4월** 구례자연드림파크 그랜드 오픈
- **7월** '세상을 바꾸는 마개 2g' (사)국경없는과학기술자회 MOU 체결
- **11월** 괴산자연드림파크 2단지 음료공방·도정공방 준공
- **12월** 아이쿱생협 홍성센터 개관

<새로운 도약을 위한 내실화> 2015~2017

2015년

- **5월** 국내 최초 우리밀 글루텐 개발
- **6월** 캄보디아 'The Only Natural Dream' 매장 오픈
  필리핀 AFTC 커뮤니티 센터 준공식
  아이쿱생협 - 한양대 대학원 장학후원 양해각서 체결(2015~2017)
- **8월** 2015 구례자연드림 락 페스티벌 개최(이후 2016년~2018년 진행)
- **10월** 「아낌없이 표시하자」 예외 없는 식품완전표시제 캠페인 개최(이후 2016년 ~2018년 진행)
- **12월** 기획재정부 장관 표창 수상(협동조합 발전 공로)

2016년

- **5월** 아이쿱협동조합연구소 10주년 기념 심포지엄
- **8월** 「아이쿱사람들」 북콘서트
- **9월** ICA(국제협동조합연맹) 아시아태평양지부 여성워크숍(구례자연드림파크)

2017년

- **3월** "함께 만드는 미래, 아이쿱" 사명선언문 채택
  바디버든(체내독소) 줄이기 캠페인
- **4월** 전 축종 Non - GMO 사료 선포
- **9월** 아이쿱생협 출범 20주년 기념 <아이쿱생협 경영 20년, 돌아봄과 내다봄> 좌담회 개최
- **12월** 아이쿱생협 - 한양대 대학원 장학후원 양해각서 체결(2018~2020)

<치유와 힐링의 가치확산> 2018~2021

2018년
- **4월** GMO완전표시제 청와대 국민청원 21만 명 달성
- **7월** 소비자 알 권리와 GMO완전표시제 국제심포지엄 개최
- **9월** 건강한 급식, 응원해油 캠페인
  아이쿱생협 - 한신대학교 대학원 장학후원 양해각서 체결(2019~2024)
- **11월** 아이쿱생협 20주년 기념식 및 괴산자연드림파크 그랜드 오픈
  지속가능한 사회와 사람중심경제를 위한 모임 'SAPENet' 선언

2019년
- **1월** 아이쿱생협소비자활동연합회 해산 총회
- **2월** 아이쿱생협 - 성공회대 대학원 장학후원 양해각서 체결(2019~2023)
- **4월** 참여하고 행동하는 소비자의 정원 출범(현 소비자기후행동)
- **4월** ICA 아시아태평양지부 생협위원회 리더워크숍(괴산자연드림파크)
- **7월** '플라스틱 100% 재활용을 위한 세이프넷의 약속' 선언
- **8월** 아이쿱자연드림 - 한국교육방송 EBS 치유캠페인
- **11월** (재)자연드림유기농치유연구재단 및 한의원 오픈
- **12월** ㈜쿱라면 우리밀라면 이탈리아 첫 수출
  세이프넷협동기업협의회 결성

2020년
- **2월** 영남권 자연드림파크 조성 협약
  아이쿱생협 - 상지대학교 상호교류 및 장학후원 양해각서 체결(2020~2024)

| 6월 | 괴산자연드림파크 스포츠힐링센터 오픈
| | 성남시 '자원순환도시 구축을 위한 친환경 소비 촉진 자율실천협약서' 체결
| | 전국 아이쿱생협 플라스틱줄이기챌린지
| 7월 | 아이쿱대전한의원 오픈
| 8월 | (주)수미김 무트레이 도시락김, 환경부장관상 수상
| 9월 | 아이쿱생협 출자조합원 30만명 돌파
| 11월 | 미세플라스틱 불검출(45㎛) 깊은바다소금 출시

2021년

| 1월 | 괴산자연드림파크, 문화체육관광부의 지역특화관광자원으로 선정
| 2월 | (사)소비자기후행동 발족
| 4월 | 헤양심층수 '기픈물' 출시
| | 수원치유센터&한의원 오픈
| 5월 | 아이쿱생협 - 한양대학교 대학원 장학후원 양해각서 체결(2021~2023)
| 7월 | No플라스틱 캠페인 시작
| 8월 | 식품에 소비기한 표기 시작
| 9월 | 라이프케어의료사협 창립(부산·광주)
| | 아이쿱생협 자원 순환의 날 환경부장관상 수상
| 10월 | 세탁기 미세플라스틱필터 '세이브디오션' 정식판매,
| | 조선일보 2021 소비자가 선택한 최고의 브랜드 대상
| 11월 | 라이프케어충청의료사협 창립
| 12월 | 탄소치유농업 선포
| | <치료 중심에서 예방 중심 사회로, 라이프케어운동> 2022~2023

2022년

- **1월** 라이프케어 상호부조 활동 시범 운영 시작
- **3월** iN라이프케어이종협동조합연합회 창립
  국립암센터 자연드림식탁(현 자연드림힐링밥상) 오픈
- **4월** 'No플라스틱 Yes헌혈' 대한적십자사 업무협약
- **5월** 암 예방 캠페인 시작
  라이프케어 활동을 위한 연합워크숍
- **8월** 'iN라이프케어이종협동조합연합회' 제1회 임시총회
  2022 구례락페스티벌
- **9월** iN라이프케어이종협동조합연합회 비전 선포 출범식
  암 예방 친환경유기농식품 부문 국회 표창
  아이쿱생협 - 상지대학교 - 상지대생협 건강한 먹거리 소비 및 자원순환 협약
- **10월** 채식 페스티벌 '채식 Live, 지구 Live' 개최
  광역별 리더 워크숍 'Reboot Co-op iN라이프케어' 개최
- **11월** 탄소중립을 위한 농업 방향 국회 토론회
- **12월** 암 예방과 재발 방지를 위한 '라이프케어 운동' 정식 운영 시작
  iN라이프케어 정책 토크쇼 & 송년회

2023년

- **2월** 라이프케어광주 한의원 오픈
  식품 유통기업 태국 판푸드와 업무협약(MOU) 체결
  구례군 농업생산자와 항암식품 생산을 위함 협약식 개최
- **3월** 자연드림힐링센터 & 라이프케어홍성한의원 오픈
  암예방의 날 국립암센터 발전기금 기부

4월	라이프케어부산 한의원 오픈
5월	GMO완전표시제를 담은 'GMO특별법' 서명운동
6월	iN항암생활연구소, ㈜항암식품 창립 기념식
7월	자연드림 기픈물 국제안전표준 FSSC22000인증 획득
9월	자연드림 항암식품 효과 연구논문 국제학술지에 등재
	자연드림 기픈물 첫 해외 수출 '이온그룹의 비오쎄봉 제팬(Bio c' Bon Japon)과 수출계약 성사'
10월	iN자연드림 국제심포지엄 개최
	구례자연드림파크 뮤직페스티벌
11월	종이 멸균팩 재활용 지지 서명 참여자 50만 명 돌파
12월	2023 대한민국 공감콘텐츠 대상 CEO부문 수상

* 〈iN아이쿱 협동조합이 걸어온 길〉은 아이쿱협동조합연구소가 2022년까지의 연차보고서 내용에 2023년의 내용을 더하여 정리한 것이다.

달걀, 소금, 함께 살기
아이쿱 혁신사

초판 1쇄 인쇄 2024년 3월 20일
초판 1쇄 발행 2024년 3월 27일

지은이	신성식, 염찬희
기 획	(재)아이쿱협동조합연구소
펴낸이	한금희
펴낸곳	(재)아이쿱협동조합연구소
제작	도서출판 정한책방
출판등록	2010년 12월 20일 제25100-2010-000062호
주소	07317 서울, 영등포구 영등포로62길 1, 3층 (신길동, 삼성빌딩)
전화번호	02-2060-1373
팩스번호	02-6499-1372
홈페이지	http://icoop.re.kr
이메일	icoopinstitute@gmail.com

ISBN 978-89-98642-76-1 03300
값 16,000원

* 이 책의 판권과 저작권은 (재)아이쿱협동조합연구소에 있습니다. 이 책 내용의 전부 또는 일부를 재사용하려면 반드시 동의를 받아야 합니다.
* iN은 아이쿱(iCOOP)과 자연드림(Natural Dream)을 담고 있는 상징입니다.